MÉMOIRE A CONSULTER

ET

CONSULTATION

POUR

M. BAZE

Avocat à la Cour impériale de Paris, membre et ancien Président du Conseil général de Lot-et-Garonne,
ancien membre des Assemblées nationales, Constituante et Législative,
ancien Questeur de l'Assemblée législative.

CONTRE

M. Prosper NOUBEL, père

Imprimeur, Directeur-Gérant du *Journal de Lot-et-Garonne*, à Agen.

ET

M. GRANIER de CASSAGNAC, père

Député au Corps législatif.

PARIS

TYPOGRAPHIE ET LITHOGRAPHIE DE RENOU ET MAULDE

RUE DE RIVOLI, 144

1870

MÉMOIRE A CONSULTER

ET

CONSULTATION

POUR

M. BAZE

Avocat à la Cour impériale de Paris, membre et ancien Président du Conseil général de Lot-et-Garonne, ancien membre des Assemblées nationales, Constituante et Législative, ancien Questeur de l'Assemblée législative.

CONTRE

M. Prosper NOUBEL, père

Imprimeur, Directeur-Gérant du *Journal de Lot-et-Garonne*, à Agen.

ET

M. GRANIER de CASSAGNAC, père

Député au Corps législatif.

COUR IMPÉRIALE
D'AGEN

CHAMBRE CIVILE

M. REQUIER
premier président

M. DONNODERIE
1er avocat général

Lorsque j'intentai, devant le tribunal de première instance d'Agen, une action en calomnie contre MM. Noubel et Granier de Cassagnac, je fis imprimer un exposé des faits accompagné de pièces justificatives.

Après le jugement du Tribunal *qui a rejeté ma demande*, j'ai relu cet exposé et je n'y ai pas trouvé un seul mot à changer. Tout ce que j'ai affirmé dans cet écrit, je l'affirme de nouveau ; tout ce que j'ai ac-

1870

'cusé devant la justice, je l'accuse encore avec plus de force et de conviction que jamais. Pour édifier les honorables Conseils auxquels je demande une lumière et une solution, je n'ai donc qu'à placer ici sous
leurs yeux ce mémoire qui contient un tableau fidèle des faits ainsi que
l'expression de mes sentiments les plus intimes :

EXPOSÉ DES FAITS & PIÈCES JUSTIFICATIVES

J'ai fait assigner MM. P. Noubel, père, et A. Granier de Cassagnac devant le tribunal civil d'Agen, pour les faire condamner à des réparations
civiles, à raison de divers articles qu'ils ont publiés dans *le Journal de
Lot-et-Garonne*, et que je soutiens être calomnieux et diffamatoires à
mon égard.

Voici dans quelles circonstances ces articles ont été publiés :

J'étais, aux dernières élections, le compétiteur de M. Henri Noubel
dans la première circonscription du département de Lot-et-Garonne.

M. Noubel trouvait naturellement un organe dans le *Journal de Lot-
et-Garonne* dont son père est propriétaire et gérant responsable. Tant
que M. P. Noubel n'a fait qu'user et abuser dans des limites à peu près
permises de cette situation particulière, je n'avais pas le droit de me
plaindre, et je ne me suis pas plaint. Mais bientôt il les a toutes dépas-
sées, en se livrant contre moi à des articulations de fait mensongères et
calomnieuses qu'il ne m'était plus possible de tolérer.

Le Coup d'Etat du 2 décembre 1851 lui a paru un thème favorable
à exploiter contre *le Candidat* ancien *Questeur de l'Assemblée Législative*.
Le rôle que j'ai rempli de défenseur énergique et dévoué de la Constitution
et des Lois lors de ces funestes événements, il a trouvé bon de le trans-
former en celui de principal Agent d'une conspiration qui, suivant lui, les
aurait rendu légitimes.

Animé par cette pensée, M. Noubel publia, le 9 mai 1869, dans le *Journal de Lot-et-Garonne*, un article intitulé LE COUP D'ÉTAT, dans lequel il inséra le passage suivant emprunté à un livre dont M. A. Granier de Cassagnac, père, est l'auteur :

« La conspiration des anciens partis était même si avancée dans son
« œuvre, qu'on a trouvé, *dans les papiers d'un questeur*, les décrets or-
« ganiques du Gouvernement nouveau, la distribution des principaux
« emplois, et la préparation d'une prise d'armes, fondée sur le concours
« présumé de la 10ᵉ légion de la garde nationale de Paris. »

M. Noubel avait soin d'ajouter que le récit fait par M. Granier de Cassagnac, *depuis longtemps publié*, N'AVAIT JAMAIS ENCORE ÉTÉ DÉMENTI.

Une provocation aussi directe ne laissait pas de place à l'hésitation. Usant d'un droit qui ne pouvait pas m'être contesté, j'adressai aussitôt au *Journal de Lot-et-Garonne* la réponse suivante, qui a paru en même temps dans ce journal et dans un autre journal qui se publie également à Agen, *le Courrier Agenais* :

« Agen, le 10 mai 1869.

« **A Monsieur le Directeur du JOURNAL DE LOT-ET-GARONNE.**

« Monsieur,

« Ayant été absent d'Agen, je n'ai pu lire qu'aujourd'hui, dans votre feuille d'hier, l'article intitulé LE COUP D'ÉTAT, dans lequel vous avez inséré le passage suivant emprunté à un pamphlet écrit par M. Granier de Cassagnac quelques jours après cet événement :

« La conspiration des anciens partis était même si avancée dans son
« œuvre, qu'on a trouvé, *dans les papiers d'un questeur*, les décrets or-
« ganiques du Gouvernement nouveau, la distribution des principaux
« emplois, et la préparation d'une prise d'armes, fondée sur le concours
« présumé de la 10ᵉ légion de la garde nationale de Paris. »

« Il ne m'est pas difficile de me reconnaître dans le souligné intelligent dont vous avez illustré ce passage. Le droit que j'ai de répondre à l'application que vous prétendez m'en faire ne peut donc être nullement contesté.

« Eh bien, Monsieur, il est complétement FAUX que l'on ait trouvé chez moi, lors de l'invasion de mon domicile dans le Palais de l'Assemblée nationale, pendant la nuit du 2 décembre, *« les décrets organiques du gouvernement nouveau, la distribution des principaux emplois, et la préparation d'une prise d'armes, fondée sur le concours présumé de la 10* légion de la garde nationale de Paris, »* et cela, par la raison bien simple que rien de pareil n'a jamais existé. Les seuls papiers que l'on a trouvés chez moi consistaient dans *des formules* de réquisition, *en blanc,* adressées à *tel général, le nom également en blanc,* pour qu'il eût à se mettre à la disposition de l'Assemblée nationale, *« afin de pourvoir à sa sûreté, dans le cas où elle serait attaquée. »* Ces papiers n'étaient même pas signés. Voilà toute *la conspiration* qui a existé à la Questure. Comme *conspiration,* on la trouvera naïve ; comme précaution défensive, tous les hommes de bonne foi la trouveront parfaitement légitime.

« Lorsque vous avez cité ce passage d'un auteur que son nom réfute assez par lui-même, vous ne pouviez pas ignorer, Monsieur, que ses allégations avaient été maintes fois démenties ; qu'elles l'avaient été surtout avec une incontestable autorité par le général Bedeau, premier vice-président de l'Assemblée nationale, ayant exercé les fonctions de la présidence pendant l'absence de M. Dupin, dans une lettre qu'il adressa à M. de Morny, qui fut insérée dans plusieurs journaux, et qui se trouve textuellement rapportée dans les nombreuses relations du coup d'État qui ont été publiées depuis.

« Croyez-moi, Monsieur, le temps d'écrire l'histoire du coup d'État du 2 décembre n'est pas encore arrivé, et ce que vous en faites vous-même aujourd'hui n'a pas d'autre but que celui d'une réclame intéressée, contre *« un questeur, »* au profit de M. Henri Noubel, dans l'élection prochaine de notre département.

« Pour moi, Monsieur, obéissant à une pensée de modération patriotique autant qu'à un sentiment de dignité personnelle, je n'ai rien écrit,
rien publié, même rien réfuté de ce qui se rapporte à ces temps trou-
blés. Je me suis condamné au silence; vous êtes le premier qui m'en
ayez fait sortir.

« Mais la circonstance était impérieuse, et il m'était impossible de ne
pas m'expliquer ouvertement, lorsque, me trouvant, avec M. H. Noubel,
en présence des électeurs qui vont avoir à se prononcer entre nous deux,
vous voulez faire résulter contre moi une cause d'indignité, et comme
une incapacité d'être élu, de la conduite que, dans mes redoutables
fonctions de questeur, j'ai tenue lors des événements du 2 décembre.

« Y avez-vous bien réfléchi, Monsieur ? l'honneur des hommes politiques fait aussi quelquefois partie de l'honneur de leur pays. Le département de Lot-et-Garonne est trop noblement susceptible en matière de
responsabilité et de devoir pour ne pas comprendre et approuver l'attitude loyale et ferme qu'a gardée son Représentant dans les circonstances
que vous rappelez si inopportunément aujourd'hui.

« Mais cela importe moins que vous ne voudriez le faire croire à l'élection qui va avoir lieu et qui nous presse. Laissons reposer l'histoire du
passé, et occupons-nous du présent qui mérite bien mieux notre sollici-
tude, et qui doit déterminer nos résolutions. Depuis ma rentrée sur le
sol natal, j'ai repris dans la vie politique, sous l'égide des institutions
nouvelles qui nous régissent, et auxquelles j'ai prêté serment, une place
que le suffrage de mes concitoyens a bien voulu m'accorder. De quel
droit prétendriez-vous m'arrêter dans ce chemin qu'il dépend des électeurs seuls de m'ouvrir ou de me fermer à leur gré ?

« J'attends de votre loyauté, Monsieur, et je vous demande d'ailleurs,
en vertu du droit de réponse que la loi me donne, l'insertion de cette
lettre dans le plus prochain numéro de votre journal.

« Recevez, Monsieur, mes civilités empressées.

« BAZE. »

Comme on le voit, le démenti que j'opposais aux assertions de M. Granier de Cassagnac était aussi péremptoire qu'il est d'ailleurs véridique et fondé. Il aurait dû arrêter M. Noubel, qui n'a pas trouvé, je pense, dans les très-longs et fréquents rapports qu'il a eus avec moi, des motifs pour douter de ma parole. Mais cela n'aurait pas fait le compte de la *candidature Noubel*. Dans l'espérance d'écraser un concurrent, l'on s'enfonça davantage dans la mauvaise voie où l'on s'était engagé. Seulement on jugea utile d'appeler à la rescousse M. Granier de Cassagnac qui n'a pas l'habitude de se ménager dans de pareilles occasions.

En conséquence, dans le numéro du 17 mai du *Journal de Lot-et-Garonne*, M. Noubel publia une lettre de M. Granier de Cassagnac, qu'il fit précéder par un article dans lequel il déclare : « *qu'il connaissait de longue date les faits rappelés par M. de Cassagnac, mais que, par un sentiment de modération, il s'était abstenu d'en reproduire le récit.* » « Aujour-« d'hui, ajoute-t-il, nous ne pouvons refuser à M. de Cassagnac la sa-« tisfaction qu'il réclame. M. Baze ayant parlé, nous devons accor-« der la réplique à son contradicteur, qui se présente *l'histoire à la* « *main....* » L'HISTOIRE DE M. GRANIER DE CASSAGNAC !

Et voici maintenant la lettre de M de Cassagnac :

Monsieur le Rédacteur,

« Je reçois le numéro du *Journal de Lot-et-Garonne* du 13 mai cou-« rant, dans lequel M. Baze juge à propos de s'exprimer sur mon « compte en termes blessants. Il y a bien longtemps que j'avais, comme « le public, oublié M. Baze. Je crois qu'il a commis une imprudence en « me forçant à me souvenir de lui.

« J'ai publié, peu de jours après le coup d'État du 2 décembre 1851, « non pas un *pamphlet*, comme le dit M. Baze, mais un *Récit authen-« tique* des événements accomplis à cette époque mémorable. Je n'ai pas « dit tout ce que je savais ; mais je savais, de science certaine, appuyée « sur des *pièces officielles*, tout ce que j'ai dit.

« Avant de prendre la plume, à la demande de quelques amis haut.
« placés-désireux de conserver des souvenirs précis pour l'histoire, j'ai
« voulu avoir *sous les yeux, sur mon bureau de travail,* toutes les pièces
« officielles relatives aux faits, aux personnes et aux choses.

« C'est donc d'après le *texte authentique des procès-verbaux d'arresta-*
« *tion de M. Baze et des autres,* signés des commissaires de police, que
« j'ai mentionné les faits qui les concernaient. J'ai supprimé beaucoup
« de détails qui auraient été inutilement désagréables à M. Bazé ; je me
« serais bien gardé d'ajouter à des circonstances graves par elles-mêmes
« quoique ce fût d'intempestif ou d'oiseux.

« *C'est par ordre supérieur* que M. de Maupas avait bien voulu me
« remettre *des copies conformes des procès-verbaux de toutes ces arres-*
« *tations.* J'ai *copié* ou *adouci* ces documents.

« *Ils sont aux archives politiques de la Préfecture de police.* L'histoire
« les y trouvera un jour. »

Ainsi, les affirmations précédentes sont maintenues et confirmées par
des affirmations nouvelles, et pour leur donner un corps certain, qui ne
permette plus le doute, M. Granier de Cassagnac déclare que « *c'est à la*
« *demande de quelques amis haut placés, et au vu des pièces officielles,* _
« *dont M. de Maupas avait bien voulu, PAR ORDRE SUPÉRIEUR,*
« *lui remettre des copies conformes,* » qu'il a écrit son prétendu *récit*
authentique des événements du 2 décembre.

Mettant ensuite le comble à cette calomnie historique par une autre
calomnie plus personnelle et plus odieuse encore, il affirme que je n'ai
ainsi conspiré contre le Président de la République que parce qu'il avait
refusé, au mois de mars 1850, malgré mes sollicitations et celles de mes
amis, de me nommer procureur général près la Cour d'appel de Paris,
et cela avec un accompagnement d'injures, d'outrages, de grossièretés
ignobles, dont je crois devoir épargner la reproduction à la pudeur de
mes lecteurs. Il suffit de résumer tout ce venin comme M. Granier de
Cassagnac le résume lui-même :

« C'est pour n'avoir pas pu SERVIR le Président de la République que
« M. Baze a essayé de le RENVERSER...

« J'en connais encore plusieurs autres qui sont devenus *ennemis*, pour
« n'avoir pas pu être *courtisans*. » — *Signé* : A. GRANIER DE
CASSAGNAC.

J'ai immédiatement appelé MM. P. Noubel et A. Granier de Cassagnac, comme calomniateurs, en réparations civiles, devant le Tribunal
d'Agen.

C'est en vertu d'une ordonnance de M. le Président du Tribunal, en
date du 21 mai 1869, pour cause d'urgence, que j'ai fait citer MM. Noubel et de Cassagnac à l'audience fixée au 17 juin. L'urgence était
d'ailleurs manifeste. Pouvais-je en effet, dans les circonstances particulières où nous nous trouvions placés, rester longtemps sous le coup d'indignes attaques dont l'effet, calculé par mes adversaires, ne pouvait être
conjuré trop tôt? Non assurément ; et M. le Président l'avait bien compris en appointant ma requête, tout en laissant cependant assez de champ
aux défendeurs pour préparer leur défense. On n'apprendra donc pas
sans surprise qu'à l'audience indiquée, MM. Noubel et Gragnier de Cassagnac, malgré les insistances énergiques de M⁰ Laclaverie, mon avoué,
ont demandé une remise indéfinie et l'ont obtenue. Il est vrai que
MM. Noubel et Granier de Cassagnac ont fait dire par leur avoué qu'ils
désiraient que la cause ne fût plaidée qu'après la vérification des pouvoirs par le Corps législatif! Après cela, sans doute, je n'avais plus qu'à
m'incliner.

Je reprends ma narration. Le procès est engagé. La justice, dont un
poëte de l'antiquité a dit que, quoique boiteuse, elle arrive toujours,
luira donc un jour pour moi. J'ai voulu qu'elle fût entourée de toutes les
lumières capables de l'éclairer et de nature à ne laisser subsister aucun
doute sur la fausseté de *toutes les allégations* de mes adversaires. Je crois
en avoir assuré les moyens par l'acte suivant que j'ai fait signifier à leur
avoué :

« A la requête de M. Baze, etc., communication est donnée à MM. Noubel et Granier de Cassagnac de dix pièces dont M. Baze entend se servir pour sa défense ;

« En outre, il leur est signifié : 1° Qu'à la requête dudit M. Baze ci-dessus nommé, lesdits MM. Noubel et Granier de Cassagnac sont sommés d'avoir à communiquer au requérant toutes les pièces, actes et documents quelconques dont ils ont l'intention de faire usage pour leur défense ; et dans tous les cas, d'avoir à communiquer et faire verser au procès tous les procès-verbaux, actes et documents, mentionnés dans la lettre adressée par M. Granier de Cassagnac au rédacteur du *Journal de Lot-et-Garonne*, le 15 mai 1869, insérée et publiée dans ledit journal, numéro 68, feuille du 17 dudit mois de mai 1869, lesdits procès-verbaux et actes, soit en originaux, soit *en copies conformes dûment certifiées,* tels et de même que ledit M. Granier de Cassagnac dit les avoir eus à sa disposition pour écrire le prétendu *récit authentique* des événements accomplis le 2 décembre 1851, reproduit dans sa lettre susdite en ce qui concerne les imputations par lui avancées contre le requérant ; que cette production leur sera d'autant plus facile que ledit M. Granier de Cassagnac déclarant, dans sa lettre susdite, que « c'est *par ordre supérieur* « que M. de Maupas (alors ministre de la police) avait bien voulu « lui remettre des copies de ces pièces, » il est absolument inadmissible que l'autorité supérieure, qui a ordonné alors cette communication, refuse de l'autoriser aujourd'hui que les faits sont l'objet d'un débat devant les tribunaux dans lequel l'honneur d'une tierce personne se trouve intéressé et impliqué ;

2° Enfin, que ledit M. Baze sus-nommé et qualifié, ne s'oppose pas, et qu'il donne au contraire son consentement formel à ce que lesdits MM. Noubel et Granier de Cassagnac recherchent et fassent rechercher dans toutes Archives, Secrétariats et Dépôts quelconques publics ou privés, ainsi que dans toutes correspondances tenues par le requérant avec quelques personnes, en quelque temps et en quelque lieu que ce soit, tous écrits, lettres missives, notes ou documents quelconques, émanés de lui,

qui leur paraîtraient de nature à justifier leurs allégations contenues dans
les articles du *Journal de Lot-et-Garonne* et dans la lettre susdite de M. Granier de Cassagnac publiée par ledit journal ; qu'ils s'en fassent délivrer des
extraits ou copies, et qu'ils les publient ; le requérant renonçant à cet
égard au bénéfice de toutes lois ou dispositions contraires — dont acte. »

Voilà mon procès, pour le fond et pour la forme. Mon intention n'est
pas de le discuter. Je rassemblerai seulement ici, pour les soumettre à tous
les hommes de bonne foi, les preuves que j'ai pû recueillir contre la
double accusation qui me réduit à une extrémité à laquelle j'étais loin de
m'attendre après ma longue carrière politique : celle de défendre mon
honneur attaqué, et l'honnêteté de mon caractère grossièrement ou-
tragée.

Deux articulations s'affirment dans les publications du *Journal de Lot-
et-Garonne* que j'ai déférées à la justice :

Premièrement, j'ai conspiré, en l'année 1851, comme membre et
comme Questeur de l'Assemblée législative, contre le Président de la
République ; des papiers trouvés chez moi, lors de l'invasion de mon
domicile au Palais de l'Assemblée nationale, dans la nuit du 2 décembre
1851, en donnent tout à la fois la certitude et la preuve.

Je ne sais pas *ce qu'on a trouvé chez moi* dans la nuit du 2 décembre ;
mais je suis parfaitement assuré de *ce qui était chez moi* et de *ce qui n'y*
était pas. Je l'ai déjà dit de la manière la plus exacte dans la lettre que
j'ai adressée, le 10 mai 1869, au *Journal de Lot-et-Garonne*. Lorsque j'ai
été arrêté, en violation de la Constitution et des lois, sous l'inculpation
dérisoire de *complot contre la sûreté de l'Etat* et de DÉTENTION D'ARMES
DE GUERRE, on n'a dressé, à ma connaissance, aucun procès-verbal, et
on ne m'en a communiqué aucun. On a procédé bien plus sommaire-
ment que cela : on m'a arraché des bras de ma femme et de mes enfants,
emporté à Mazas, de là à Ham, de Ham à Aix-la-Chapelle. On m'a em-
prisonné, exilé et AMNISTIÉ, le tout sans forme de procès ni jugement.

A défaut de procès-verbaux *contradictoires* qui n'existent pas, et en l'absence des procès-verbaux *communiqués à M. Granier de Cassagnac*, que je ne connais pas, et qui, s'ils existent dans les termes qu'il en donne, ne peuvent qu'être l'œuvre d'un audacieux faussaire, je crois pouvoir invoquer à l'appui de la fausseté de l'accusation les irrécusables preuves morales qui résultent, selon moi, des pièces suivantes :

Voici d'abord une lettre qui m'a été écrite le 4 décembre 1851 par mon très-honorable et très-regretté collègue à la questure, M. le comte de Panat. Elle m'a été remise plus tard par ma femme, lorsque, après la torture de dix-sept jours de secret, les communications ont été autorisées :

« Paris, 4 décembre 1851.

« Mon cher collègue, nos nouveaux maîtres m'ont excepté de l'honorable proscription que vous subissez, avec notre ami le général Le Flo, *pour la cause des lois et du droit indignement violés*. Je n'avais pas mérité, vous le savez, cette injurieuse distinction qui sera la douleur de mes vieux jours. J'ai envoyé ma protestation au *Journal des Débats* ; j'ignore s'il consentira à la publier.

« Lorsque la Questure a été envahie par la force armée, j'ai constaté par un procès-verbal, sur le registre de nos délibérations, le fait grossier qui mettait fin à une administration pendant laquelle nos rapports m'ont inspiré pour vous les sentiments de l'estime affectueuse dont je serai heureux, en toute occasion, de vous donner la preuve et de vous renouveler l'assurance.

« A Monsieur Baze.   PANAT. »

Nous avions, M. de Panat et moi, pour collègue à la Questure, le brave et digne général Le Flo ; et tous les trois, nous avons toujours été liés dans tous nos actes par la plus complète et la plus intime solidarité. J'ai regardé comme un devoir de signaler au général des accusations qui paraissaient l'atteindre aussi bien que moi. Le 24 juin 1869, il m'a écrit la lettre suivante :

« Néchoat, 24 juin 1869.

« Mon cher Baze, je m'empresse de répondre à votre lettre du 21 reçue seulement hier. A l'occasion d'un procès en diffamation que vous avez intenté à MM. Noubel et Granier de Cassagnac, vous faites appel à mes souvenirs de 1851, et vous me citez le passage suivant d'un livre écrit en 1852, je crois, pour les besoins de la cause, et qui a la prétention d'être l'histoire du Coup d'Etat :

« La conspiration des anciens partis, y est-il dit, était même si avan-
« cée dans son œuvre, qu'on a trouvé, dans les papiers d'un questeur,
« les décrets organiques du Gouvernement nouveau, la distribution des
« principaux emplois, et la préparation d'une prise d'armes, fondée sur
« le concours présumé de la 10° légion de la garde nationale de
« Paris. »

« Vous ajoutez, mon cher ami, que de semblables allégations touchent à mon honneur comme au vôtre. Vous êtes meilleur juge que qui que ce soit de ce qui peut intéresser ce sentiment exquis des honnêtes gens ; mais je ne saurais partager votre opinion : mon honneur n'a rien à faire dans toutes les sottes et ridicules calomnies qui ont eu cours dans les libelles du temps. Quant à ce qui concerne les affirmations contenues dans le passage que je viens de transcrire, je leur donne, pour ce qui me concerne, le démenti le plus formel et le plus catégorique, et je mets au défi qui que ce soit, si haut placé qu'il puisse être, de produire une page, une ligne, un mot, qui implique ma participation à aucune conspiration, à aucun complot, à aucune intrigue ayant pour objet, non pas le renversement de la République, mais la plus légère atteinte à porter à la Constitution d'alors. Et pourquoi donc aurions-nous conspiré ? Pour nous défaire du Président de la République apparemment ? Mais est-ce que le terme de ses pouvoirs n'était pas constitutionnellement fixé au 31 mai 1852, et quel besoin pouvions-nous avoir alors, ayant attendu trois ans et n'ayant plus à attendre que quatre mois, de monter violemment à l'assaut de la loi ?

« De semblables imputations ne sont pas sérieuses, et me laissent, je vous l'avoue, parfaitement froid et calme. Les violents du temps, ces égarés, qui votaient contre la proposition des Questeurs, ont pu y croire ; tant pis pour eux ! Ils en ont, avec nous, subi la peine ; mais les intéressés, ceux pour qui c'était une impérieuse nécessité de tromper l'opinion, n'ont pas été dupes de leurs propres calomnies. Ils les ont affirmées sciemment, sachant ce qu'elles valaient, et ils en ont ainsi pris la responsabilité devant Dieu et devant les hommes. Le jugement de Dieu ne nous regarde pas, mais il en est autrement de la justice des hommes : celle-ci aura, j'espère, un jour, son heure. Je l'attends avec impatience et avec une complète sérénité.

« Recevez, mon cher vieux collègue et ami, la nouvelle assurance des meilleurs sentiments de mon inaltérable affection.

« Général Le Flo. »

Enfin, il est des situations où un honnête homme, injustement accusé, peut invoquer le cri de sa propre conscience et se servir pour ainsi dire de témoin à lui-même. Je crois que la situation où je me trouve est une de celles-là. Je n'hésite donc pas à communiquer les deux documents qu'on va lire. Le premier est une lettre qui me fut écrite le 2 avril 1852, quatre mois après le Coup d'État, par l'honorable M. Laffite, ancien procureur du roi à Nérac, alors député au Corps législatif pour le département de Lot-et-Garonne, et que j'ai le bonheur de compter encore au nombre de mes amis :

« Paris, le 2 avril 1852.

« Mon cher ami.

« Je suis à Paris comme député au Corps législatif.

« Puis-je faire, et m'autorisez-vous à faire quelque chose pour vous ?

« Je me mets à votre disposition ; vous ne doutez point, je pense, de
« mon empressement à vous être utile.

« Veuillez faire agréer mes hommages respectueux à Madame Baze.

« Je vous serre la main.

« Votre dévoué serviteur et ami.

« Rue St-Honoré 353.   « CH. LAFFITE. »

Par cette lettre M. Laffite me proposait donc, avec des ménagements
dont je me plais à reconnaître toute la délicatesse, de solliciter *ma grâce*
auprès du Président de la République ; voici la réponse que je lui adressai aussitôt de Liége le 5 avril 1852 :

« Liége, le 5 avril 1852.

« Mon cher ami,

« J'ai reçu votre lettre du 2 de ce mois. Je vous remercie du sentiment d'amitié qui vous l'a dictée ; mais à la question que vous m'adressez :
si vous pouvez faire quelque chose *pour moi*, et si je vous y autorise, je
ne puis répondre que négativement.

« J'ai été compris, avec plusieurs de mes honorables collègues, dans
un décret d'expulsion temporaire. Quoique ce décret soit daté du 9 jan-
vier, la mesure qui nous a frappés n'a pas pu avoir pour cause des faits
postérieurs au 2 décembre, puisque, à partir de la nuit du 1ᵉʳ au 2, nous
avons été mis dans l'impossibilité d'agir. Quant aux faits antérieurs au
2 décembre, faits exclusivement parlementaires et couverts par l'invio-
labilité du mandat de Représentant, desquels je n'ai rien à désavouer, dont
je m'honore au contraire, il est trop évident que nous n'en devons
aucun compte au Gouvernement actuel. *Vous n'êtes pas assez enfant, per-
mettez-moi de vous le dire, pour croire que nous avions conspiré contre
les droits constitutionnels du Président de la République. Si nous l'avions
fait, et si l'on avait pu trouver seulement un prétexte à nous mettre en*

jugement, nous ne serions pas en ce moment hors de France; nous y serions restés, enterrés dans les fossés de Vincennes.

« Notre position étant ainsi bien nettement déterminée, que sommes-nous? Nous sommes des proscrits et pas autre chose : c'est-à-dire des hommes frappés en dehors de toutes les lois. C'est un acte de violence qui nous tient éloignés de notre patrie ; tant que le Gouvernement ne comprendra pas qu'il n'a rien à gagner en considération et en autorité réelle à nous maintenir sous le coup de cette violence, il nous y maintiendra ; c'est son affaire et non la nôtre. Un acte de propre mouvement nous a bannis, un acte de même nature doit nous rappeler.

« Je ne veux pas dire pour cela que les grands corps politiques qui appuient le pouvoir ou qui le conseillent doivent rester indifférents à notre situation ; bien au contraire. Ce serait leur honneur de la faire cesser, comme ce sera leur honte si elle se prolonge indéfiniment ; mais, ici encore, notre intervention n'a pas à se produire.

« Toute sollicitation individuelle, faite par une personne ou pour elle, suppose une faute à réparer, une grâce à obtenir. Nous n'avons pas de faute à réparer ; nous n'avons pas de grâce à demander. Nous sommes des citoyens placés arbitrairement dans une exception : l'exception ne peut tomber qu'au nom du droit.

« Si l'on objecte que notre présence en France pourrait être dangereuse pour la tranquillité publique, si l'on juge que nous sommes des hommes dangereux, je n'ai rien à répondre ; mais protester nous-mêmes du contraire, offrir ou prendre des engagements de conduite ou d'abstention, et tel serait, n'en doutez pas, le sens d'une demande formée par nous ou en notre nom, ce serait donner ce que l'on n'a pas le droit de nous demander ; ce serait s'humilier, s'amoindrir, s'abaisser ; nous ne le ferons jamais. C'est au moins là ma ferme résolution, et quoique je sois ici complétement isolé, et séparé de tous mes compagnons d'exil, je ne crains pas d'affirmer qu'ils sont tous de la même opinion que moi.

« N'attribuez pas, au reste, mon cher ami, ma détermination à un sentiment de lâche quiétude pour ce qui me concerne ou d'indifférence coupable à l'égard des miens. Personne ne souffre plus que moi des rigueurs de l'exil, et vous le savez d'ailleurs, parmi les proscrits il n'en est pas un qui soit plus cruellement frappé que moi dans ses affections de famille, dans ses intérêts, dans sa profession. Ma mère, âgée de soixante-dix-huit ans bientôt, se meurt à trois cents lieues de ses enfants, et l'on peut dire qu'elle est autant exilée que nous ; mon état qui me rapportait vingt-cinq mille francs par an est perdu ; mes propriétés se dégradent et deviennent pour moi une charge onéreuse ; ma femme et mes enfants vivent dans de cruelles privations sur la terre étrangère, et pour nous tous l'avenir est encore plus sombre que le présent ; mais au-dessus de tout cela, il y a l'honneur, et je n'y faillirai pas.

« Je vous prie de communiquer ma lettre à M. de Richemont qui, j'en suis sûr, partage vos sentiments à mon égard. Faites-lui mes compliments bien vifs. Au milieu de mes chagrins, c'est une douce consolation pour moi de compter dans la députation de notre département deux hommes aussi honorables et aussi sympathiques que vous et lui.

« Recevez, mon cher ami, l'assurance de mes sentiments les plus affectueux.

« Baze. »

Je m'en rapporte à la conscience de tous ceux qui liront cette lettre qui n'avait pas été faite pour voir le jour. La sérénité de l'âme de celui qui l'écrit ne s'y montre-t-elle pas à découvert, et peut-on admettre l'idée qu'elle soit troublée ou seulement effleurée par le remords d'un crime qu'il aurait commis ou tenté de commettre contre les lois de son pays ?

La fable imaginée par d'indignes pamphlétaires du Coup d'État, et soutenue aujourd'hui en commun par MM. Granier de Cassagnac et Noubel, d'une conspiration de l'Assemblée législative et des Questeurs contre le Président de la République est donc définitivement ruinée, ou sinon, qu'on la prouve par la production des *pièces officielles*, dont M. Granier de Cassagnac affirme l'existence, et qu'il dit être « *déposées aux Archives politiques de la Préfecture de police, où l'histoire les trouvera un jour !* »

Je n'ajoute pas un mot de plus.

Reste la seconde accusation, celle de n'avoir conspiré, en 1851, contre le Président de la République, que parce qu'il aurait refusé de me nommer Procureur général à Paris.

J'avoue que si l'on m'avait moins accoutumé aux injustices, aux calomnies et aux outrages de tout genre, la rougeur me monterait au front en me voyant réduit à me justifier contre une auss ignoble supposition ; mais j'ai appris depuis longtemps que tout était possible , même ce qui paraissait l'être le moins, et je ne refuse pas de répondre, comme doit le faire en tout état de cause un accusé.

MM. Noubel et Granier de Cassagnac disent donc que « *j'ai eu une ambition,* » et que c'est parce qu'on n'a pas voulu la satisfaire que je me suis jeté dans une horrible conspiration contre le Gouvernement de mon pays. Mais d'abord, si je n'ai pas conspiré, et je crois que c'est péremptoirement prouvé, la supposition d'un motif pour avoir conspiré est bien près de s'évanouir.

Rassurez-vous toutefois, honnêtes gens qui me calomniez ! je ne m'arrêterai pas à cette simple réponse-là. Écoutez ! voici, quant à « *mes ambitions,* » la vérité :

Lorsque j'acceptai, en 1848, sur les instances les plus honorables et les plus pressantes, de faire partie de la Représentation du département de Lot-et-Garonne à l'Assemblée constituante, fidèle à des principes que j'avais préconisés bien souvent, je pris spontanément, vis-à-vis de moi-même, l'engagement de me consacrer, avec une entière abnégation et sans partage, aux devoirs de mon mandat, et de n'accepter aucune fonction publique salariée.

3

Déjà, le Gouvernement provisoire m'avait fait donner l'avis par son Commissaire qu'il m'avait appelé aux fonctions de Procureur général à la Cour d'Amiens, plus tard à la Cour d'appel de Bordeaux, et j'avais respectueusement refusé d'accepter. Ces faits ont été publics à Agen, et j'en produis d'ailleurs des preuves écrites. M. Noubel ne trouvait pas alors assez de louanges pour célébrer dans son journal, comme il aurait voulu le faire, mon désintéressement patriotique. (Voir le *Journal de Lot-et-Garonne*, des 20, 24, 25 mars, 3, 15, 21 avril 1848.)

Je n'écris pas, grâce à Dieu, une apologie, et je ne perds pas de vue non plus que je ne suis qu'un accusé devant ses juges, un citoyen traduit au tribunal de l'opinion publique. Je ne dis rien par conséquent des occasions qui m'ont été offertes plus d'une fois, pendant ma carrière parlementaire, de m'élever à une haute fortune, et que j'ai toujours repoussées ; j'arrive tout de suite à ce qui doit faire l'objet précis du débat. Donc, au mois de mars 1850, suivant ce que publient MM. Granier de Cassagnac et Noubel, *j'ai sollicité, et fait solliciter par mes amis, le poste de Procureur général près la Cour de Paris*, et j'ai essuyé un refus du Président de la République. Certes, si haut placé qu'il soit, je ne crains pas d'en appeler à aucun témoignage, et je n'en redoute aucun, le fait que l'on allègue étant de la plus insigne fausseté. En voici d'ailleurs la preuve.

C'est *le 16 mars 1850* que parut, dans le *Constitutionnel*, un entrefilet, cité par M. Granier de Cassagnac, ainsi conçu :

« Le Ministère va éprouver une légère modification :

« M. Baroche remplace M. Barrot au Ministère de l'Intérieur.

« M. BAZE EST NOMMÉ PROCUREUR GÉNÉRAL A PARIS, en remplacement « de M. Baroche.

« M. Ferdinand Barrot est nommé Ministre de France à Turin. »

Cette annonce d'une prétendue nomination à laquelle, moi, Questeur de l'Assemblée nationale, je n'aspirais certainement pas, et que je n'aurais pas acceptée, fut aussi nouvelle pour moi que pour qui que ce fût dans la Chambre ; et comme elle aurait été un démenti de mes résolutions publiquement annoncées à mes concitoyens, de n'accepter aucune autre charge publique que celle que me conférait leur mandat, c'est à eux-mêmes que je m'empressai d'adresser un désaveu formel du fait annoncé par le *Constitutionnel*.

Je produis, en effet, une lettre à moi adressée d'Agen, par M. Labie, avoué à la Cour d'appel de cette ville, *le 19 mars 1850*, dans laquelle, répondant à celle que je lui avais écrite moi-même le 16, il me dit :

« J'ai démenti le fait de votre prétendue nomination aux fonctions de « Procureur général près la Cour de Paris, et je dirai *partout et bien* « *haut* que vous n'entendez accepter aucune fonction qui pût vous dé- « tourner des devoirs que vous imposent et le mandat que vous ont « donné vos électeurs, et la haute position que vous tenez de la confiance « de vos collègues. Je comprends, COMME VOUS, que rien ne pourrait « remplacer la haute dignité dont vous êtes revêtu. »

M. Labie est mort depuis plusieurs années. Sa lettre a d'ailleurs un caractère d'authenticité irrécusable par le timbre de la poste d'Agen, au départ, *du 19 mars 1850*, et celui de la poste de Paris, à l'arrivée, *du 21 mars 1850*.

Et pour achever irrésistiblement la démonstration, je copie dans le *Journal de Lot-et-Garonne*, DE M. NOUBEL, à la date *du 18 mars 1850*, l'article suivant :

« Plusieurs journaux, *le Constitutionnel* entre autres, annoncent, *ce* « *matin*, la nomination de M. Baze aux fonctions de Procureur général « à la Cour d'appel de Paris ; NOUS SOMMES AUTORISÉS A DÉMENTIR CETTE « NOUVELLE. Notre honorable compatriote n'acceptera jamais des fonc- « tions qui pourraient le détourner un seul instant des devoirs parle- « mentaires que lui impose son mandat. »

Ainsi, l'annonce de ma prétendue nomination au poste de Procureur général à Paris paraît dans *le Constitutionnel* du *16 mars 1850*; j'écris à M. Labie le même jour pour qu'il la fasse démentir dans *le Journal de Lot-et-Garonne*; ce démenti est donné en effet dans ce journal *le 18*, et Labie m'écrit, *le 19*, pour m'informer qu'il l'a fait faire, d'après mes ordres, motivé, comme il devait l'être, sur ma résolution inébranlable « de « n'accepter aucune fonction qui pourrait me détourner des devoirs que « m'imposent le mandat que m'ont donné mes électeurs, et la haute po— « sition que je tiens de la confiance de mes collègues. »

Peut-il y avoir quelque chose de plus clair? Assurément, non.

Mais voici une autorité bien plus imposante encore. Dans l'article qu'il a bien voulu me consacrer, M. Granier de Cassagnac fait jouer, je ne sais pourquoi, un rôle considérable à l'honorable M. Thiers, et l'asso- cie avec moi à la même fortune. Suivant ce qu'il raconte : « M. Thiers « surtout mit dans ses démarches en faveur de M. Baze une véritable « ardeur, *et habitué qu'il était par la longue condescendance du Président* « *de la République au succès de ses candidats*, il fit même annoncer « dans *le Constitutionnel* du 16 mars 1850 (c'était alors le journal de « M. Thiers) la nomination de M. Baroche comme ministre, et celle de « M. Baze comme procureur général à Paris.

« Malheureusement pour M. Baze, la promotion que M. Thiers avait « faite ainsi un peu vite disposait de fonctions spécialement éminentes, « délicates et difficiles. Il s'agissait de donner un chef, un directeur « au Parquet le plus important, le plus renommé de la République....»

Ici, M. Granier de Cassagnac plaide mon insuffisance, sur laquelle, puisqu'il y tient, je suis prêt à prendre condamnation. Mais voyez le mal- heur cependant! M. Thiers, *si bien habitué à la longue condescendance du Président de la République qu'il faisait de lui-même les promotions sans le consulter, et les faisait annoncer d'avance dans son Journal,* M. Thiers, pour la première fois sans doute, et à propos de moi qui n'étais pas pourtant le premier venu dans la Chambre, éprouve un refus, et me voilà précipité du haut de la roche Tarpéienne !..... En cet endroit vraiment le roman frise le ridicule, et il convient de laisser là l'auteur pour ne pas sortir de la gravité du sujet.

Quoiqu'il en soit, M. Granier de Cassagnac avait prononcé le nom de M. Thiers. Je pouvais donc me croire autorisé par ce fait, et bien plus encore par l'affectueuse bonté dont l'éminent homme d'État veut bien m'honorer depuis longtemps, à le prier de consentir, quelle que pût être sa répugnance, à lire l'élucubration de M. de Cassagnac, et à interroger, sur le fait indiqué, ses propres souvenirs.

Ses souvenirs ! après dix-neuf ans écoulés au milieu de tant et de si grands travaux qui l'absorbent tout entier et qui nous ravissent d'admiration, et sur une chose d'ailleurs purement imaginaire et qui n'a jamais existé !

M. Thiers a bien voulu cependant repasser dans sa mémoire les circonstances de ce temps évanoui, et voici le témoignage qu'il a écrit de sa main et qu'il m'a remis :

« Mon cher Monsieur Baze,

« En me reportant à l'époque dont il s'agit, je n'ai aucun souvenir
« d'avoir sollicité pour vous, et avec mission de votre part, la place de
« Procureur général près la Cour d'appel de Paris, et d'avoir en cette
« occasion éprouvé un refus. J'ai, au contraire, le souvenir très-positif
« que, dès l'origine du régime actuel, vous avez, sans aucun grief per-
« sonnel, partagé toutes les convictions de vos amis politiques, et agi par
« les motifs les plus désintéressés et les plus honorables.

« Recevez, mon cher Monsieur Baze, la nouvelle assurance de ma
« constante amitié.

« Paris, 20 mai 1869.

« A. THIERS. »

Voilà les faits.

Cependant la calomnie a fait largement son œuvre, et m'a noirci de ses charbons ineffaçables dans l'esprit de mes concitoyens dont j'avais toujours possédé le respect et l'affection. A quoi servent donc, mon Dieu ! une vie d'abnégation et de sacrifice ; les plus nobles misères courageusement supportées? Il a suffi qu'on allât réveiller, pour l'utilité d'une candidature en souffrance, une vieille et méchante invention démentie aussitôt qu'elle avait été produite, et de la réchauffer au feu des passions du moment, pour qu'elle devînt une arme meurtrière dans la main de mon adversaire. M. Granier de Cassagnac la fournit ; M. Noubel s'y attache et la propage dans son *Journal de Lot-et-Garonne* dont il fait un tirage extraordinaire pour la circonstance. Malgré mes objurgations bien légitimes, il s'y obstine et s'y acharne toujours davantage à mesure qu'approche le jour décisif. J'ai beau rappeler le démenti public donné dans son propre journal *le 18 mars 1850* ; il objecte, ce qui n'est pas très-fort en raisonnement, que ce démenti émane de moi, et qu'il est, par conséquent, sans valeur. Le tour est fait ; l'iniquité est consommée.

Et moi..... foudroyé, brisé par les révolutions de mon pays que j'ai toujours loyalement servi, un seul bien me reste : l'honneur ; et ce dernier patrimoine de mes enfants, je le défends pour le leur transmettre intact et pur. C'est uniquement pour cela que j'ai fait à MM. Noubel et Granier de Cassagnac, sans beaucoup de goût de ma part, avec une véritable répugnance au contraire, un procès qui m'était impérieusement commandé par ce devoir sacré.

Les Tribunaux, la Chambre, l'opinion devant lesquels il se débat, prononceront leur jugement. Quelque soit ce jugement, je pardonne à ceux qui se sont laissé égarer par de détestables et stupides attaques, et quant à ceux qui les ont inventées et mises en pratique, je les livre à leurs remords, s'ils sont capables d'en avoir.

BAZE.

Paris, le 25 juin 1869.

Telle était la cause au Tribunal civil d'Agen. J'ai peu de chose à dire sur ce qui s'est passé devant les premiers juges. Je savais parfaitement que les odieuses imputations de mes adversaires étaient fausses. Je n'étais pas moins certain, par conséquent, que leurs allégations touchant l'existence de prétendues pièces officielles étaient fausses également. Mais ils avaient affirmé avec tant d'audace l'existence de ces pièces : « *que M. Granier de Cassagnac avait vues de ses yeux et touchées de ses mains, dont des copies conformes lui avaient été remises par un Ministre et par ordre supérieur,* » qu'il devenait indispensable de mettre dans une complète évidence le fait décisif de la prétendue existence de ces pièces.

Aussi, dès que je me trouvai devant le Tribunal en présence de mes adversaires , je m'empressai d'adresser à l'honorable avocat chargé de leur défense cette simple et naturelle interpellation : LES PIÈCES ! PRODUISEZ LES PIÈCES ! A quoi il se contenta de répondre : « qu'il ne les avait pas ; que le temps avait manqué pour se les procurer, mais qu'il pouvait plaider sans ces pièces ; » et il demanda que le débat s'ouvrît immédiatement.

Sur ce, vive opposition de ma part, conclusions rédigées à la barre, déposées aussitôt sur le bureau, afin que les adversaires fussent tenus de produire les pièces, et jugement du Tribunal, qui prononce la remise de la cause au 29 juillet.

Mais le 29 juillet, même absence des prétendues pièces; Seulement, pour y suppléer, une lettre de M. le Préfet de police, adressée à M. Granier de Cassagnac, à laquelle celui-ci avait été très-probablement préparé d'avance, et dont voici la teneur :

« Paris, le 22 juillet 1869. »

« Monsieur le député,

« Vous m'avez fait l'honneur de m'écrire qu'à l'occasion d'un procès « pendant à Agen, vous avez été mis en demeure par la partie adverse « de produire *certains documents*, et vous m'exprimez le vœu d'être mis « à même de répondre à cette demande.

« J'en ai référé immédiatement à M. le Ministre de l'Intérieur, et

« après avoir pris ses instructions, je viens vous exprimer le regret *de ne*
« *pouvoir satisfaire à votre désir.*

« Agréez, Monsieur le député, l'assurance de ma considération la plus
« distinguée,

« Le Préfet de Police,

« *Signé :* Piétri. »

« Monsieur Granier de Cassagnac, Député. »

Un pareil document n'a pas besoin d'être discuté. Tout esprit un peu
attentif en appréciera facilement la valeur. Arrière donc cette déclaration
qui, dans un débat où l'honneur se trouve engagé, laisse, par son ambi-
guité calculée, une égale prise à la vérité et au mensonge. J'ai essayé vainement de faire sortir M. le Ministre de l'Intérieur — M. Forcade de la
Roquette — de cette équivoque, en lui posant nettement cette question :
« *Les pièces signalées par M. Granier de Cassagnac, et qu'il soutient être
déposées aux Archives de la Préfecture de police, existent-elles*, oui ou non?
Tous mes efforts ont été infructueux, et j'avoue que je n'ai pas été assez
naïf pour en être étonné. J'ai d'ailleurs entendu faire par plus d'un
homme de bon sens cette observation : « Si ces prétendues pièces
avaient existé, le Gouvernement n'aurait pas attendu la mise en demeure
actuelle pour les produire ; il y a longtemps qu'il les aurait livrées à la
publicité. , . . .

Et, en effet, immédiatement après le coup d'État on publie à grand
fracas, *dans le journal de M. Granier de Cassagnac, le Constitutionnel*, les
innocentes formules de réquisition trouvées à mon domicile : « *Tels sont,*
« ajoute le journaliste, les deux décrets *trouvés chez un questeur* . . . . .
« La saisie de ces papiers a rendu évidente l'existence du complot. . . . . »
Et pas un mot concernant : « les décrets organiques du gouvernement
« nouveau, *la distribution des principaux emplois, et la préparation*
« *d'une prise d'armes, fondée sur le concours présumé de la 10ᵉ légion*
« *de la Garde Nationale de Paris.* »

Mais qu'avait dit et affirmé M. Granier de Cassagnac, dans ses publications sur le Coup d'Etat, et dans l'article incriminé?

« Avant de prendre la plume, à la demande de quelques amis haut
« placés désireux de conserver des souvenirs précis pour l'histoire, *j'ai*
« *voulu avoir sous les yeux, sur mon bureau de travail,* TOUTES LES PIÈCES
« OFFICIELLES *relatives aux faits, aux personnes et aux choses.*

« *C'est donc d'après le texte authentique des procès-verbaux d'arrestation*
« *de M. Baze et des autres, que j'ai mentionné les faits qui les concer-*
« *naient.* »

« C'EST PAR ORDRE SUPÉRIEUR *que M. de Maupas avait bien voulu me*
« *remettre* DES COPIES CONFORMES DES-PROCÈS VERBAUX DE TOUTES CES
« ARRESTATIONS. J'AI COPIÉ *ou adouci ces documents.* »

Eh! bien, ai-je dit à M. Granier de Cassagnac, lorsqu'on écrit, lorsqu'on publie *un récit authentique* d'événements aussi graves que ceux-là ;
lorsqu'on ne craint pas de porter contre les hommes politiques qui y ont
joué un rôle considérable des accusations de conspiration et de complot;
lorsqu'on se vante d'avoir reçu, *précisément dans ce but, et par ordre*
supérieur, des copies conformes et officielles des procès-verbaux ; on ne se
sépare pas de ces pièces ; on ne les laisse pas échapper de ses mains, et
l'on doit être toujours prêt à les produire.

En conséquence, le 28 juillet 1869, je fis signifier à l'avoué de
MM. Granier de Cassagnac et Noubel l'acte de sommation suivant :
« 1° D'avoir à communiquer et produire au procès LES COPIES CONFORMES
« contenant le texte authentique des procès-verbaux d'arrestation de
« M. Baze et des autres, *qu'il affirme que M. de Maupas avait bien voulu*
« *lui remettre par ordre supérieur : lesquelles pièces officielles il a voulu*
« *avoir* SOUS LES YEUX, SUR SON BUREAU DE TRAVAIL, *lorsqu'il a écrit* LE
« RÉCIT AUTHENTIQUE, ainsi qu'il le qualifie, *des événements accomplis le*
« *2 décembre 1851* ;

« 2° Et dans le cas où ledit M. Granier de Cassagnac ne ferait pas
« ladite communication requise, d'avoir à déduire et à faire connaître
« au requérant, en réponse au présent acte, les causes et motifs pour les-
« quels il se croit dispensé de la faire..... »

Ai-je besoin d'ajouter que cet acte est resté sans réponse, et que, ni dans les dix jours qui se sont écoulés depuis la date de cette sommation jusqu'à celle du jugement, ni dans les débats de l'audience, il n'a été rien communiqué ni rien dit dans le but seulement d'essayer une réponse ou une explication quelconque ?

C'est dans cet état du procès que, le 7 août 1869, le Tribunal a rendu son jugement, par lequel, *contre les conclusions formelles de M. le Procureur impérial*, il m'a débouté de ma demande et condamné aux dépens ; et chose étrange ! c'est contre moi que le Tribunal a cru pouvoir tourner l'exception du *défaut de preuves*, et il en tire une fin de non-recevoir contre mon action : M. Granier de Cassagnac affirme publiquement que des pièces officielles existent aux Archives de la préfecture de police qui prouvent que j'ai conspiré contre l'Etat ; l'Administration refuse obstinément de s'expliquer sur l'existence de ces pièces, que dis-je ? Elle refuse même de communiquer à un accusé les procès-verbaux soi-disant dressés contre lui ; — conclusion : M. Granier de Cassagnac a dit vrai, je dois être condamné ; et le Tribunal est bien près de vouloir faire passer en force de vérité judiciaire un mensonge historique qui ne trouve plus aujourd'hui une seule personne disposée à y croire !

Quant à la thèse d'une morale indépendante, s'appliquant exclusivement « *à l'ordre des faits politiques* », différente de la morale usuelle ayant cours devant les tribunaux, elle trouble tellement ma conscience, et déconcerte à ce point ma raison que je ne me sens pas la force de la qualifier. Je laisse à mes honorables Conseils dont l'autorité est si grande le soin de l'apprécier et de la juger.

Pour moi, la question est beaucoup plus simple : investi, avec mes honorables collègues de la Questure, d'une haute mission par la confiance de l'Assemblée, j'ai rempli loyalement et fidèlement mon devoir. Bien loin que j'aie conspiré le renversement de la Constitution et des lois, je me suis dévoué pour les défendre, et quiconque dit le contraire me calomnie.

Voici maintenant le jugement du Tribunal.

JUGEMENT DONT EST APPEL

(DU 7 AOUT 1869.)

Notes de M. Baze.

EN DROIT. — *Que faut-il statuer sur les conclusions des parties?*

« Attendu qu'à la suite d'attaques dirigées contre Henri Noubel par les journaux qui soutenaient, à Agen, des candidatures adverses de la sienne, Prosper Noubel, directeur-gérant du *Journal de Lot et-Garonne*, qui jusque-là avait paru vouloir s'abstenir de toute polémique contre les personnes, publia, le 9 mai dernier, un article intitulé: LE COUP D'ÉTAT, contenant une citation empruntée à un écrit ancien de Granier de Cassagnac où Baze est représenté comme un des hommes politiques qui allèrent le plus loin dans la conspiration des partis par l'attitude desquels l'auteur se propose de montrer la nécessité du Coup d'Etat de 1851; que Baze admit tout d'abord que les assertions contenues dans cet article, contre lequel il croyait devoir protester, n'étaient justiciables que de l'opinion et du droit de réponse (1);

(1) Où le Tribunal a-t-il trouvé cette reconnaissance de ma part : « *Que les asser-* « *tions contenues dans cet article n'étaient* « *justiciables que de l'opinion et du droit de* « *réponse*? J'ai répondu certainement, parce que c'était là le plus pressé ; mais je n'ai jamais reconnu que cet exercice du *droit de réponse* exclût celui du *droit de poursuite* qui en est entièrement distinct et indépendant.

Ma poursuite a d'ailleurs particulièrement pour objet la lettre de M. Granier de Cassagnac *du 13 mai,* qui n'a paru que *dans le journal de Lot-et-Garonne du 17,* par conséquent *après la mienne du 10.* Conçoit-on dès lors une pareille inadvertance de la part du Tribunal ?

(1) J'ai qualifié de *pamphlet* le livre de M. Granier de Cassagnac. La meilleure manière de juger si cette expression est injuste, c'est de le lire ; j'en remets un exemplaire au dossier.

J'ai dit, en repoussant les calomnies de M. de Cassagnac : « *Un auteur que son nom réfute assez par lui-même.* » J'avais été provoqué ; j'étais injurié et calomnié publiquement, à la face du pays ;..... l'état de légitime défense où je me trouvais, certains excès de polémique bien connus, ne sont-ils pas pour moi une justification suffisante?

(2) *Au milieu de la lutte électorale !...* Je n'ai pas eu le choix du moment ; j'ai répondu lorsque j'ai été provoqué. Est-ce que l'on espèrerait faire croire par hasard que la défense toute naturelle, et obligée, que j'ai opposée à d'indignes attaques a été, de ma part, une manœuvre électorale ?

(3) J'étais en exil lorsque le livre de

Qu'il s'empressa d'exercer ce droit par une lettre insérée dans le *Journal de Lot-et-Garonne* du 13 mai, et renfermant quelques expressions des plus blessantes pour Granier de Cassagnac (1) ;

Que celui ci, à son tour, exerça aussi son droit de réponse par une lettre qu'il publia dans le *Journal de Lot-et-Garonne* du 17 mai, et dans laquelle, en corroborant par des affirmations nouvelles la citation attaquée, il reproduisait un passage d'un autre de ses ouvrages insinuant que l'hostilité de Baze contre le chef du pouvoir exécutif, qu'il avait d'abord si fermement soutenu, n'aurait eu pour cause que le ressentiment de son ambition déçue à la suite de ses infructueuses démarches pour obtenir sa nomination aux fonctions de procureur général à Paris que, au mois de mars 1850, un journal considérable de cette époque avait même annoncée comme étant arrêtée ;

Que, sur cette représaille, Baze se hâta d'annoncer par la voie des journaux, au milieu de la lutte électorale, que Granier de Cassagnac et Prosper Noubel allaient être immédiatement déférés par lui aux tribunaux (2).

Attendu qu'il faut reconnaître qu'aux reproductions de texte depuis longtemps p - bliées sans réclamation (3) la lettre de Gra-

M. Granier de Cassagnac a été publié.
L'absence de réclamation, qui s'explique
très-bien à cette époque, ne m'enlevait pas
le droit de repousser la calomnie lorsqu'elle
était reproduite plus tard par MM. Noubel
et Granier de Cassagnac, dans le but évident de me nuire

(1) J'ai déjà répondu à ce reproche véri-
tablement incroyable d'avoir provoqué les
outrages dont je me plains avec trop de
fondement.

(2) Est-ce que ce n'était pas assez pour
me déterminer à agir ? Eh ! quoi : « une bru-
« tale contestation de la sincérité et du dé-
« sintéressement de ma conduite politique,
« .... l'imputation d'avoir conspiré en
« 1851, au sein de l'Assemblée nationale,
« parce qu'on aurait refusé de me nommer
« Procureur général à Paris ! » et j'aurais
gardé le silence; je n'aurais pas demandé
aux Tribunaux une justice qui devait être
en même temps une éclatante constatation
de la vérité !

Voici, au reste, l'enchaînement des faits
qu'il ne faut pas perdre de vue : En premier
lieu, je suis calomnié; je réponds. Au lieu
d'accueillir loyalement ma réponse, on en
prend texte pour renouveler l'outrage en le
redoublant. C'est à tous ces faits géminés
et *successifs* que s'applique ma plainte dont le
jugement dénature les causes et les motifs.

(3) Le Tribunal passe ici à côté de le
question en la déplaçant. On n'a pas dit
seulement que j'avais sollicité la place de
Procureur général à Paris, ce qui est d'ailleurs de toute fausseté. On a ajouté, affirmé
et ressassé, que c'était parce que mes sollicitations n'avaient pas été accueillies que
j'avais conspiré contre le Président de la
République. C'est à cela qu'il fallait répondre; le Tribunal ne l'essaye même pas.

nier de Cassagnac ajoutait, outre ses formes
injurieuses que Baze n'était pas sans avoir
provoquées (1), une brutale contestation
de la sincérité et du désintéressement de
la conduite politique de ce dernier ; que
c'est évidemment ce qui a déterminé la
menace instantanée et la poursuite immé-
diate du procès (2).

Mais attendu que reconnaissant l'impossibilité de réclamer devant les tribunaux
le redressement des injustices commises
dans l'appréciation des actes et des intentions de sa vie politique, le demandeur
s'efforça de trouver un fondement à son action dans le caractère calomnieux et diffamatoire par lui attribué aux imputations
d'avoir conspiré en 1851, au sein de l'assemblée nationale, et d'avoir sollicité les
fonctions de procureur général.

Que quant à la dernière de ces deux imputations, il est manifeste qu'on ne peut la
considérer comme diffamatoire (3);

Que quant à la première, on ne saurait se
prêter à l'en trouver davantage, sous le prétexte qu'elle contient l'inculpation d'un
crime prévu par la loi pénale; qu'en effet,
personne n'a oublié que les circonstances
historiques qualifiées de conspiration par
Granier de Cassagnac résultaient d'un conflit entre les deux grands pouvoirs de l'Etat;
que loin d'avoir des suites judiciaires, elles

(1) Je laisse de côté les étranges théories
du jugement. Elles méritent une autre ré-
futation que celle d'une simple note. Mais
que dire de cette insinuation blessante que
je lis dans le jugement : *l'affectation d'une
méprise*, sur laquelle serait édifiée ma
plainte? Rien de plus sincère, au contraire,
que ma plainte ; rien où *l'affectation d'une
méprise* pût moins trouver sa place que la
situation où m'avaient mis les calomnies
et les outrages de mes adversaires. Le tribunal ne pouvait-il pas me faire perdre mon
procès sans élever un doute injurieux sur
la loyauté de mon caractère?

furent traitées comme appartenant exclusivement à l'ordre des faits politiques, et
qu'elles n'ont pas cessé d'être considérées
ainsi dans l'opinion publique ; que c'est
évidemment sous le bénéfice de l'interprétation que lui confère ce caractère incontesté
des événements, que des historiens et des
publicistes se servent tous les jours, sans
qu'on s'en plaigne à la justice, d'une expression empruntée au langage de la loi
criminelle pour qualifier ces circonstances
historiques et le rôle de ceux qui y ont pris
part; que par conséquent la prétention de
faire attribuer une portée diffamatoire à
cette expression n'a d'autre fondement que
l'affectation d'une méprise (1) que le demandeur n'avait pas encore songé à commettre
le 13 mai, lors de sa lettre en réponse à
l'extrait publié du livre de Granier de Cassagnac ; que vainement il argue de ce que
ce passage cité lui impute des faits précis,
en énonçant que, le 2 décembre, on trouva
dans ses papiers les décrets organiques d'un
gouvernement nouveau, la distribution des
principaux emplois, et la préparation d'une
prise d'armes, toutes imputations que Baze
soutient être diffamatoires et mensongères,
mais qui reviennent à dire que, dans la
lutte alors existante entre les deux grands
pouvoirs politiques, il aurait préparé, ou
coopéré à la préparation d'un Coup d'Etat
en sens inverse de celui qui fut accompli;
que si cela a pu lui aliéner les sympathies
politiques d'un certain nombre de citoyens,
il est incontestable que l'histoire, dans ses
divers jugements sur les Coups d'Etat, ni
l'opinion commune, ne justifient sa prétention, née des nécessités passagères de son
procès, qu'une pareille imputation puisse
être reconnue attentatoire à sa considération et à son honneur.

« Attendu que le demandeur ne saurait

sauver son action en se plaçant à un autre point de vue, pour soutenir que, dans tous les cas, il a droit à des réparations à raison de la publication d'une version inexacte, quoique non diffamatoire, des actes de sa vie publique; qu'en effet, dès l'instant que l'action serait fondée non plus sur une diffamation, qui est un fait constant à apprécier, mais bien sur une inexactitude historique, qui est un fait à démontrer, il faudrait qu'avant d'examiner s'il y a eu préjudice, à ce nouveau point de vue, Baze commençât par établir ce quasi-délit d'inexactitude, en vertu de la règle qui veut que tout demandeur prouve le fait qui sert de fondement à sa demande.

« Par ces motifs,

« Le Tribunal, jugeant en premier ressort, déclare Baze mal fondé dans ses fins et conclusions, l'en déboute, et le condamne aux dépens.

J'ai fait appel de ce jugement à la Cour impériale d'Agen. C'est sur le mérite de cet appel que je demande l'avis de mes honorables Conseils.

Paris, 2 juin 1870.

BAZE.

CONSULTATION

M. Baze me soumet un jugement qui a été rendu entre lui et MM. Noubel et Granier de Cassagnac, le 7. août 1869, par le Tribunal civil d'Agen ; il me demande mon opinion sur l'appel qu'il a formé devant la Cour de la même ville.

Je laisse de côté toutes les considérations politiques qui peuvent se rattacher à la poursuite de M. Baze. Je ne faisais pas partie de la fraction de l'Assemblée à laquelle il appartenait ; je ne prenais pas part aux délibérations de ses amis, et néanmoins je les connaissais assez pour oser affirmer qu'aucun d'eux n'a conspiré pour le renversement de la Constitution et du pouvoir qu'elle avait établi ; que M. Baze, investi des fonctions de Questeur, en a noblement et courageusement rempli les devoirs ; que tout le monde lui a rendu cette justice ; que ses adversaires surtout lui en ont donné un éclatant témoignage par les rigueurs cruelles et inutiles qu'ils ont exercées contre lui.

Il n'en est pas moins vrai que tout homme qui a l'honneur de prendre part aux affaires de son pays s'expose au jugement de ses contemporains et de l'histoire ; que ces jugements doivent être prononcés avec une certaine liberté ; que l'erreur ou même la passion n'y sont pas coupables ; il faut rechercher seulement si les adversaires de M. Baze n'ont pas abusé de cette liberté pour tomber dans la diffamation.

Le Tribunal rappelle les deux imputations qui ont été adressées à M. Baze par le journal de Lot-et-Garonne sous les signatures réunies de MM. Noubel et Granier de Cassagnac; il les apprécie séparément : on affirme qu'en mars 1850, M. Baze a sollicité les fonctions de procureur général près la Cour de Paris; il est manifeste, dit le Tribunal, que cette imputation ne peut être considérée comme diffamatoire. On affirme qu'il a conspiré contre le Président de la République; c'est un fait politique qu'on lui reproche et non un crime puni par la loi pénale; il aurait fait de son côté ce que l'on faisait contre lui; il a été vaincu, mais non coupable; proscrit, mais non jugé. En rappelant ces faits, on lui enlève les sympathies politiques de quelques citoyens, mais on ne porte atteinte ni à sa considération ni à son honneur.

Le plaignant se placerait-il à un autre point de vue; soutiendrait-il qu'il lui est dû une réparation par cela seul que les faits qui lui sont imputés sont faux; c'est alors une pure question historique qu'il soulève, et, comme tout demandeur, il doit prouver le fait qui sert de fondement à sa demande, c'est-à-dire la fausseté des imputations dont il est l'objet.

Il ne faut pas longtemps réfléchir au jugement dont on vient de lire une analyse fidèle pour comprendre qu'il contient des appréciations exactes et des erreurs singulières. Ainsi il serait bien sévère de prononcer une condamnation contre l'écrivain qui raconterait, même en le blâmant, que M. Baze aurait voulu, en 1850, être nommé procureur général à la Cour de Paris. Si on isole cette imputation de toute autre, il est difficile de l'apprécier autrement que ne l'a fait le Tribunal d'Agen.

Les raisons que le Tribunal donne pour absoudre la seconde imputation adressée à M. Baze sont beaucoup plus hardies, et l'on s'étonne de les trouver dans un monument judiciaire. A M. Baze, engagé dans la lutte électorale, aspirant à représenter ses concitoyens au Corps législatif, on reproche d'avoir déjà abusé d'un mandat semblable pour préparer le renversement des lois de son pays. Est-il donc vrai que ce soit un fait ordinaire, indifférent au point de vue moral, et que l'on puisse attribuer à un homme public sans porter atteinte à son honneur et à sa considération? Je vois bien l'ordre d'idées dans lequel le Tribunal s'est placé : les intentions que l'on prête à M. Baze, les préparatifs vrais ou supposés par lesquels il voulait les réaliser, ne sont que les éléments d'un conflit engagé entre l'Assemblée nationale et le Président de la République. Aux yeux de la justice, il ne peut y avoir de différence entre les vainqueurs et les vaincus. Si l'on regarde comme criminelle la tentative de coup d'État attribuée à M. Baze, il sera impossible de qualifier autrement le coup d'État réussi et triomphant. Il serait superflu de montrer tout le danger de pareilles doctrines; elles abaissent trop ouvertement le respect dû aux lois devant les entreprises des ambitieux et les calculs des politiques.

D'ailleurs, le Tribunal semble, à son tour, *s'être mépris* sur la pensée des accusateurs de M. Baze. Ils ne mettent pas sur la même ligne le complot qu'ils attribuent à ce dernier et le Coup d'Etat du 2 décembre. Ils entendent excuser le coup d'État par le complot, de manière que M. Baze aurait été coupable à la fois et de la conspiration avortée et du coup d'État qu'elle aurait rendu nécessaire. J'admets bien que lorsqu'un homme public, par ses hardiesses ou par ses imprudences, a donné quelque vraisemblance à de pareils reproches, l'histoire puisse et doive les publier; mais lorsqu'ils n'ont aucun fondement, et ont été inventés par des calculs politiques dont tout le monde se rend compte, ils me paraissent prendre le caractère diffamatoire que le Tribunal n'a pas voulu leur reconnaître.

Mais que dire de la dernière partie du jugement? On attribue à un candidat des faits très-graves; adoptons l'interprétation des premiers juges : on ne se propose pas de porter atteinte à son honneur, mais de lui enlever les sympathies de ses concitoyens, des électeurs auxquels il demande leurs suffrages. Il réclame, mais il est demandeur; *ei incumbit onus probandi*. Ses adversaires n'ont rien à prouver; la hardiesse avec laquelle ils ont affirmé est pour eux un titre contre lequel il devra fournir une preuve contraire. Ainsi, il a sollicité du Président de la République, en 1850, une place de procureur général; voilà ce que l'on raconte; comment voulez-vous qu'il prouve le contraire? Quel champ vous ouvrez aux hostilités les plus déloyales!

Je pense fermement que la Cour n'admettra pas les doctrines du Tribunal sur les deux derniers points que je viens d'examiner.

Il est d'ailleurs une considération qui paraît avoir échappé à l'attention des premiers juges, et qui suffirait, à mon avis, pour faire infirmer leur sentence. Ils examinent à part le reproche si peu fondé fait à M. Baze d'avoir sollicité les fonctions de procureur général; mais ce n'est pas ainsi que les adversaires de M. Baze l'ont présenté. A dire vrai, en 1869, il aurait été puéril de lui reprocher purement et simplement d'avoir voulu remplir, dix-neuf ans auparavant, de hautes fonctions dans la magistrature. Ce fait n'avait d'importance pour eux que parce qu'ils le rattachaient au prétendu complot de 1851 : « Entre le 16 mars 1850 et le 11 no-« vembre de la même année, il y avait la demande du poste de procureur « général et le refus du Président de la République de l'accorder. « (*Journal de Lot-et-Garonne du 17 mai 1869.*) » ..... Et encore : « C'est « pour n'avoir pas pu *servir* le Président de la République que M. Baze a « essayé de le *renverser.* » Tout le reste de l'article est écrit dans le même sens.

On le voit donc; si les adversaires de M. Baze prétendent qu'il a voulu être procureur général, ce n'est pas pour signaler dans sa vie un moment d'ambition excessive ou puérile; c'est pour attribuer au misérable dépit de l'ambition déçue les idées subversives et les préparatifs de complot qu'ils lui prêtent pour la fin de 1851. Si l'attention du Tribunal s'était portée sur ce journal du 17 mai, jamais il n'aurait dit que l'on avait eu seulement l'intention d'enlever à M. Baze des sympathies politiques, mais sans porter atteinte à sa considération et à son honneur.

Et cette imputation était d'autant plus inexcusable que, le 18 mars

1850, un article du *Constitutionnel* ayant donné la nouvelle que M. Baze
était nommé procureur général à Paris, le même *Journal de Lot-et-
Garonne*, sous la même direction, imprimait l'article suivant : « Plusieurs
« journaux, *le Constitutionnel* entre autres, annoncent ce matin la no-
« mination de M. Baze aux fonctions de procureur général à la Cour
« d'appel de Paris, nous sommes autorisés à démentir cette nouvelle.
« Notre honorable compatriote n'acceptera jamais des fonctions qui
« pourraient le détourner un seul instant des devoirs parlementaires que
« lui impose son mandat. »

Ce démenti, si promptement donné, prouvait jusqu'à l'évidence que
M. Baze n'avait aucun désir d'obtenir les fonctions que les journaux
lui avaient si facilement attribuées ; on ne peut concevoir que cette fausse
nouvelle ait été employée comme un texte d'accusation contre lui par
celui-là même qui avait été chargé de la démentir.

Je pense donc que le Tribunal d'Agen a eu tort de ne pas trouver tous
les caractères de la diffamation dans les publications faites en 1869
contre M. Baze, et que le jugement doit être infirmé par la Cour.

Paris, le 11 juin 1870.

J. DUFAURE, *avocat à la Cour impériale de Paris,*
Ancien Bâtonnier.

ADHÉSIONS

Par un sentiment de réserve peut-être exagéré, je me suis interdit de solliciter les adhésions de plusieurs éminents avocats qui, étant membres du Corps législatif, sont par conséquent les collègues de M. Granier de Cassagnac et de M. Noubel fils.

A cette seule exception près, à laquelle je me suis volontairement résigné, les adhésions que l'on va lire réunissent les signatures de tous les membres du Conseil de l'ordre des Avocats à la Cour impériale de Paris. — BAZE.

J'adhère, en tout point, à la consultation délibérée par mon confrère, Mᵉ Dufaure.

Ma conscience et mon bon sens se refusent absolument à comprendre comment il peut se faire, que dire à un homme investi des plus hautes fonctions publiques :

1° Qu'il a conspiré contre le Gouvernement de son pays ; qu'on a trouvé dans ses papiers les décrets organiques du Gouvernement nouveau, la distribution des principaux emplois, et la préparation d'une prise d'armes fondée sur le concours présumé de la dixième légion de la garde nationale ;

2° Que cet homme ne s'est décidé à conspirer contre le chef de l'Etat que parce que le chef de l'Etat avait refusé à ses sollicitations et à celles de ses amis les fonctions de procureur général à la Cour de Paris ;

3° Que les faits concernant cet homme, et ainsi relatés, étaient attestés par des pièces authentiques qu'on ne produit pas, et dont rien ne fait même présumer l'existence ;

Nous ne comprenons pas, disons-nous, comment ce n'est pas là porter atteinte à l'honneur et à la considération de cet homme, comment ce n'est pas là proférer des allégations diffamatoires au premier chef.

Soutenir qu'un homme politique ne s'est décidé à jouer le jeu sanglant des conspirations que parce qu'on a refusé à son ambition déloyale la toge de procureur général, ce ne serait pas l'outrager et l'insulter de la manière la plus grave, le diffamer, pour parler le langage de la loi ?

Nous le répétons, c'est une question que la seule conscience aidée du plus simple bon sens suffit à trancher.

Nous osons manifester le respectueux espoir qu'un pareil jugement sera infirmé par la Cour d'Agen.

AL. PLOCQUE,

Avocat à la Cour impériale de Paris,

Ancien Bâtonnier, membre du conseil de l'Ordre.

Paris, 12 juillet 1870.

6

J'adhère avec empressement à la consultation qui précède.

Le point de départ de la réclamation dont M. Baze a saisi la Justice est celui-ci :

Il a été accusé en définitive, et cela en pleine lutte électorale, avec l'aggravation du moment choisi par ses adversaires, d'avoir, dans une situation politique importante, conspiré contre la loi qu'il était chargé de défendre, et de n'avoir obéi, dans ses menées souterraines, qu'au ressentiment d'une ambition déçue — *d'être devenu ennemi, en un mot, pour n'avoir pu être courtisan.*

Il ne faut pas briser en deux l'accusation, comme l'a fait le Tribunal ; il faut la prendre dans son ensemble, avec les deux éléments rapprochés qui la constituent dans toute sa gravité.

Hé bien, oui ou non, y a-t-il là, pour un homme politique, une atteinte à l'honneur et à la considération ?

Voilà pourtant l'unique question du procès, et c'est celle-là que le Tribunal de première instance a tranchée par la négative.

Sans doute, il était délicat pour le Tribunal, en faisant accueil aux justes susceptibilités de M. Baze, de frapper indirectement ceux qui n'ont pas gardé, comme lui, le respect du droit et de la loi, mais n'est-il pas regrettable de rencontrer dans un monument judiciaire cette doctrine d'indifférence et de scepticisme, qui, en se dégageant des grandes règles morales, et en invoquant les *faits politiques,* les *circonstances historiques,* les *conflits des Pouvoirs,* aboutit à la négation de la *diffamation politique,* au nom de la liberté des partis et de la liberté de l'histoire ?

En matière de diffamation, est-ce qu'il n'est pas élémentaire que le caractère de la diffamation se détermine par la situation de la personne diffamée ? A l'égard des simples particuliers, elle met en jeu les principes seuls de l'honnêteté ; à l'égard du prêtre, du magistrat, du soldat, etc., les devoirs de la fonction créent en quelque sorte un honneur et une considération d'une nature particulière. Il en est de même incontestablement pour l'homme politique.

Accuser l'ancien Député, l'ancien Questeur, quand il s'offre aux suffrages de ses concitoyens, d'avoir conspiré dans le passé, et d'avoir préparé par sa conduite la justification du Coup d'Etat, que rien ne peut justifier, c'est porter cruellement atteinte à l'honneur et à la considération du citoyen et de l'homme public.

Ajouter que, dans ses complots, il a été inspiré par la rancune des refus qu'avait rencontrés sa convoitise ambitieuse, c'est le déshonorer !

Il faut regretter, à la traverse de la procédure, que lorsque le principal adversaire de M. Baze persistait à affirmer l'existence de certaines pièces compromettantes saisies chez lui, lors de son arrestation indigne, l'Administration de la Préfecture de police ait cru devoir répondre aux protestations et aux démarches de M. Baze dans des termes équivoques et ambigus.

Au reste, peu importe ; M. Baze, par le caractère de sa demande et par la juridiction qu'il a choisie, a montré qu'il ne se contentait pas de poursuivre ses adversaires comme diffamateurs, et qu'il leur laissait toute la liberté de justifier leurs accusations ; cette attitude suffit, et M. Baze a assez fait voir qu'il était prêt à la lutte dans quelques conditions qu'elle qu'elle dût être abordée.

E. ALLOU,

Avocat à la Cour impériale de Paris,
Membre du Conseil de l'Ordre, ancien Bâtonnier.

Paris, 13 juillet 1870.

Je partage complétement l'opinion exprimée avec tant de convenance et de modération par mon éminent confrère M⁰ Dufaure.

Je ne comprends pas qu'on puisse hésiter à considérer comme une diffamation l'imputation d'avoir conspiré contre le gouvernement de son pays ; je le comprends bien moins encore, quand à cette imputation vient s'ajouter celle de n'avoir conspiré qu'à cause du refus d'une place qu'on aurait sollicitée ; prétendre qu'une semblable accusation ne porte pas atteinte à la considération de celui qui en est l'objet, c'est, à mon avis, nier l'évidence.

Paris, 14 juillet 1870.

Cʜ. TAILLANDIER,

Avocat à la Cour impériale de Paris,
membre du Conseil de l'Ordre.

Faisant abstraction, comme leur honorable confrère Mᵉ Dufaure, des considérations politiques qui peuvent se rattacher à la poursuite de M. Baze, et n'appréciant l'affaire que par l'affaire elle-même, les avocats soussignés, qui ont toujours été pénétrés d'une profonde estime pour le caractère de M. Baze, sont d'avis que l'imputation dirigée contre lui, d'avoir voulu renverser un gouvernement pour la honteuse satisfaction d'un ressentiment personnel, ne peut être qu'une imputation imaginaire constituant au plus haut degré la diffamation prévue par la loi.

Paris, 14 juillet 1870.

Aᴅ. LACAN,

Avocat à la Cour impériale de Paris,
membre du Conseil de l'Ordre.

P. TEMPLIER,

Avocat à la Cour impériale de Paris,
membre du Conseil de l'Ordre.

Je joins mon adhésion à celle de mes confrères. Les allégations produites contre M. Baze me paraissent présenter un caractère essentiellement diffamatoire.

Paris, 22 juillet 1870.

F. COLMET-D'AAGE,

Avocat à la Cour impériale de Paris,
membre du Conseil de l'Ordre.

Pour apprécier sainement le jugement du Tribunal d'Agen, il faut préciser, dans l'ordre où ils se sont produits, les faits qui ont motivé l'action de M. Baze.

Le 9 mai 1869, le *Journal de Lot-et-Garonne*, sur la foi de M. Granier de Cassagnac, alléguait qu'au moment du coup d'État de 1851, il existait une conspiration formée par les anciens partis, et « qu'on avait « trouvé, dans les papiers *d'un questeur*, les décrets organiques du Gou- « vernement nouveau, la distribution des principaux emplois, et la pré- « paration d'une prise d'armes, fondée sur le concours présumé de la « dixième légion de la garde nationale de Paris. »

Le 17 mai suivant, dans une lettre publiée par le même journal, M. Granier de Cassagnac confirmait de tout point l'assertion que l'on vient de rapporter, ajoutant qu'elle reposait « sur des pièces officielles « qu'il avait eues sous les yeux..... et sur *le texte authentique* des pro- « cès-verbaux d'arrestation de M. Baze et des autres, qui sont, disait-il, « aux archives politiques de la Préfecture de police. »

Enfin, dans la même lettre, M. Granier de Cassagnac assure que si M. Baze s'est affilié à la conspiration dont il s'agit, c'est parce que le Président de la République lui avait refusé, en 1850, la place de procu- reur général près la Cour de Paris : « C'est pour n'avoir pas pu servir le « Président que M. Baze a essayé de le renverser. »

M. Baze était donc accusé, devant ses électeurs, de deux faits étroite- ment liés ensemble dans la pensée et dans les publications de ses adver- saires :

1° D'avoir, étant questeur de l'Assemblée législative, conspiré contre la Constitution ;

2° D'avoir conspiré parce qu'il n'avait pas obtenu les fonctions qu'il avait sollicitées.

Le Tribunal a séparé, pour les absoudre, ces deux allégations indivi- sibles, et il a cherché à leur enlever ainsi une partie de leur gravité.

Je ne puis admettre, quant à moi, cet artifice juridique, et je ne sau- rais isoler le fait reproché à M. Baze du motif qu'on lui a prêté.

Mais je vais plus loin, et je ne puis comprendre, ni légalement ni

moralement, les considérations présentées par le Tribunal pour établir
que M. Baze aurait pu conspirer, — comme d'autres, — sans qu'il en ré-
sultât pour sa considération aucun dommage.

Le Tribunal invoque vainement, sur ce point, l'avis des *publicistes*,
les convenances de *la politique*, et les droits de *l'histoire*. Le juge ne peut
pas se récuser ainsi, et se déporter à son gré de la mission que la loi lui
impose. C'est précisément le devoir et l'honneur de la justice de défendre
les consciences contre les incertitudes qu'y peuvent jeter les aventures
changeantes de la politique, la mollesse des mœurs publiques, et la to-
lérance de l'histoire. Peu lui importe qu'ailleurs un coup de main *réussi*
s'appelle un coup d'État; qu'une sédition *victorieuse* s'appelle une révolution. Devant elle, il faut que les mots reprennent leur vrai sens et
que les choses reprennent leur vrai nom. Homme politique, fonctionnaire
ou simple citoyen, quiconque manque à son serment est à ses yeux un
coupable. Plus coupable encore est celui qui complote une révolution
pour venger les griefs de son ambition ou les mécomptes de sa vanité.
Dire d'un homme qu'il a fait tout cela, c'est porter à son honneur une
atteinte manifeste, que la loi condamne et que le juge doit punir.

Sans doute, au milieu des entraînements d'une élection politique, le
candidat qui sollicite les suffrages livre sa conduite et sa vie aux investi-
gations et aux censures de ses adversaires. Mais il n'en résulte nullement
que ceux-ci aient le droit de lui imputer des actes qu'il n'a pas commis,
et d'invoquer contre lui, *en attestant leur authenticité*, des pièces qu'ils
sont dans l'impossibilité de produire. Il n'en résulte pas non plus que le
juge puisse renvoyer aux *sympathies des électeurs*, aux appréciations de
l'opinion publique ou aux jugements de *l'histoire* le citoyen diffamé qui
demande satisfaction à la justice.

C'est là cependant ce qu'a fait le Tribunal d'Agen. C'est là du moins
ce qui, à mon sens, ressort clairement de sa décision, et je ne puis croire
que la Cour d'appel veuille consacrer par un arrêt souverain une doctrine
si dangereuse.

Paris, 21 juillet 1870.

Edmond ROUSSE,
Avocat à la Cour impériale de Paris,
Membre du Conseil de l'Ordre.

J'adhère hautement et sans réserve à la consultation de mon honorable confrère et ancien bâtonnier, Mᵉ Dufaure.

Le débat me semble, d'ailleurs, pouvoir être ramené à des termes fort simples.

MM. Noubel et Granier de Cassagnac ont publiquement accusé M. Baze d'avoir, étant Questeur de l'Assemblée législative, pris une part très-directe et très-active dans un complot qui avait pour but de renverser le gouvernement alors existant. Ils ont ajouté qu'il avait été amené à cette extrémité par rancune personnelle contre le chef de l'État, qui lui aurait refusé le poste de procureur général près la Cour d'appel de Paris.

Ces imputations sont-elles diffamatoires, c'est-à-dire contiennent-elles l'allégation de faits qui puissent porter atteinte à l'honneur ou à la considération de celui contre qui elles sont dirigées? Mieux encore, puisqu'il s'agit d'un simple procès civil basé sur l'article 1382 du Code Napoléon, sont-elles de nature à lui causer un préjudice quelconque?

Si nous les examinons au point de vue du simple bon sens, abstraction faite de la politique et des étranges immunités qu'on prétend revendiquer pour elle, la question ne me paraît pas pouvoir être sérieusement débattue.

Conspirer, plus ou moins ténébreusement, contre le gouvernement de son pays, à quelque moment que cela soit fait; prétendre le renverser au travers d'une de ces aventures formidables qui s'appellent une révolution ou un coup-d'état, ne saurait être jamais un acte indifférent. De quelque côté et avec quelque sentiment qu'on l'examine, c'est tout au moins une grande témérité, sur laquelle il convient que chacun puisse porter le jugement que lui dictent sa raison et sa conscience, et dont il

n'appartient à personne de lui imposer arbitrairement la lourde respor-
sabilité.

Mais jeter son pays dans tous ces hasards par la plus mesquine des
considérations personnelles, et par simple dépit d'une ambition déçue,
c'est un acte que tout cœur honnête désavoue, et que personne n'hésite à
flétrir.

Donc, il ne saurait être permis de les attribuer faussement à personne,
et celui qui, avec l'intention non déguisée de nuire à quelqu'un, publie
sur lui des faits de cette nature peut être justement actionné.

S'il en est ainsi au simple jugement du bon sens et de la conscience,
en peut-il être autrement quand il s'agit de luttes électorales? Je ne le
puis croire. Comment admettre, en effet, que la justice ait deux poids
et deux mesures, et que, de son propre aveu, ce qui est condamnable
en temps ordinaire devienne innocent et excusable en temps de luttes
électorales? J'estime que la justice domine la politique de toute la
supériorité de l'absolu sur le contingent, et qu'elle ne doit à aucun
prix se laisser dominer par elle.

Je comprends et j'admets, dans une très-large mesure, la théorie dé-
veloppée dans le jugement en discussion sur les immunités de l'histoire
et sur le droit qui doit être laissé à l'historien d'apprécier, même avec
passion, les événements et leurs auteurs; mais à cette double condition :
1° qu'il s'agira de faits vrais, appuyés de documents certains; 2° qu'il
s'agira de l'histoire proprement dite, et que l'historien, sans aucune
préoccupation personnelle, ne recherchera que la vérité. Ici, l'intention,
qui joue toujours un si grand rôle dans les questions de responsabilité,
est pure ou doit être réputée telle; et la volonté de nuire ne peut pas
être facilement soupçonnée.

Mais est-ce qu'il y a rien de pareil dans l'affaire qui nous occupe?
Est-ce que la question peut être réduite à la publication historique faite
par M. Granier de Cassagnac sur le coup d'État? Est-ce que de ce fait
que M. Baze, qui avait à coup sûr le droit de poursuivre alors M. Gra-

nier de Cassagnac en rectification d'un fait inexact, s'est abstenu devant les droits de l'histoire, laissant à l'histoire elle-même le soin de rétablir les faits dans leur vérité, il s'ensuit que le premier venu, un ennemi, un adversaire politique, pourra indéfiniment relever ce fait, l'isoler, y ajouter cette circonstance si singulièrement aggravante que j'indiquais tout à l'heure, et s'en faire une arme de combat contre M. Baze? Allons-donc !

En matière de luttes électorales, ce n'est plus, comme au point de vue de l'histoire, le pur amour de la vérité qui inspire les candidats et leurs tenants, mais bien l'intérêt fortement excité des candidatures en présence. En pareil cas, et sous la pression des ambitions personnelles, les volontés sont toujours suspectes et veulent être surveillées. Quand elles se bornent à de simples écarts de zèle qui ne relèvent que du bon goût et de l'opinion, l'opinion et le bon goût en font justice; quand elles s'égarent jusqu'au délit de droit commun, elles relèvent de nos tribunaux, qui ne peuvent reculer devant une répression nécessaire.

La justice, en pénétrant chaque jour de plus en plus dans nos mœurs privées, avec les principes éternels dont elle est l'expression vivante et active, les épure et les perfectionne. Il est temps qu'elle pénètre dans nos mœurs publiques pour nous rappeler au respect du droit de tous et de chacun.

Paris, 12 juillet 1870.

A. CHAMPETIER DE RIBES,
Avocat à la Cour impériale de Paris, membre du Conseil de l'Ordre.

Je n'ai jamais compris dans le domaine de la Justice d'autre puissance que celle du Droit; je n'ai jamais compris qu'il puisse s'ouvrir à l'influence des affections personnelles, et encore moins, s'il se peut, des sentiments politiques. C'est donc en présence de la Loi seule que je n'hésite point à confirmer d'une adhésion bien superflue la consultation de notre éminent ancien bâtonnier, Mᵉ Dufaure.

Le Tribunal d'Agen a méconnu tout à la fois la signification manifeste des faits et les principes fondamentaux de la matière.

Sans doute, si M. Baze se plaignait qu'on l'ait présenté comme ayant ambitionné, à une certaine époque, les grandes fonctions dont un journal mal informé l'avait un moment investi, quelle que soit la pensée qui a inspiré une semblable imputation, et si fausse qu'elle soit, — intentionnellement ou non, — il serait tout au moins peu juridique de la consi·dérer *en elle-même* comme empreinte d'un caractère diffamatoire. Mais la seconde imputation, ne devrait-on l'examiner qu'abstractivement et 'en elle-même, est beaucoup plus grave. On a dénoncé M. Baze comme ayant pris part à une conspiration qui aurait précipité le coup d'État, et pour dépouiller cette affirmation précise de toute portée délictueuse, le Tribunal se contente de reléguer le fait affirmé dans « l'ordre des faits politiques. » Or, une pareille réponse est à tous les points de vue inacceptable, et chacun se demandera, avec M. Dufaure, s'il est bon, utile, et surtout juridique, de proclamer, au moins virtuellement, dans une décision de justice, qu'un complot dirigé contre un gouvernement légalement établi peut, suivant les circonstances, être tenu pour un acte indifférent, sinon méritoire.

Ce n'est pas tout : tandis que les articles incriminés rapprochent les deux imputations pour établir entre les deux faits le rapport de l'effet à la cause, le Tribunal les isole l'un de l'autre, et, par là, il fait disparaître l'élément le plus considérable de criminalité.

Or, dût-on admettre avec lui que le fait de conspirer contre un pouvoir légalement constitué puisse être apprécié diversement suivant les points de vue capricieux de la politique, il est heureusement incontestable que conspirer contre ce pouvoir, PARCE QU'IL vous aurait refusé un poste ambitionné, est un acte sur lequel n'hésitera aucune conscience honnête. Ceux-là même dont il servirait les aspirations ou les haines le proclameront infâme.

Il ne saurait donc être un seul instant douteux, la cause dût-elle être restreinte à ce seul point, que l'imputation portée, EN CES TERMES, contre M. Baze présente, au plus haut degré, le caractère diffamatoire, et il serait bien regrettable pour les mœurs publiques, comme pour toute morale, qu'elle pût être déclarée indifférente à l'*honneur* et à la *considéraion* de celui qu'elle vient atteindre.

Ainsi la matérialité du délit est évidente.

Ce qui ne l'est pas moins, c'est l'interversion de rôles que le Tribunal a commise dans sa décision.

M. Baze, pour justifier contre ses adversaires *la mauvaise foi* qui est un élément essentiel du délit, demande qu'ils soient mis en demeure de prouver au moins la vérité du double fait dont ils ont tiré la conclusion diffamatoire; et le Tribunal lui répond que c'est à lui d'en établir la fausseté !

Une semblable thèse porte à la fois atteinte aux principes généraux du droit et aux règles particulières de la loi spéciale : 1° aux principes généraux du droit, en astreignant M. Baze à une preuve négative, c'est-à-dire à l'impossible; 2° aux règles particulières de la loi spéciale, car c'est au prévenu de diffamation, lorsque la matérialité du délit est établie, qu'incombe la charge de justifier l'excuse qu'il prétend tirer de sa bonne foi.

Il en est surtout ainsi dans les diffamations qui se rattachent aux luttes électorales; il est certain que dans le cercle où se meut l'exercice des droits politiques, comme dans celui où se meut le droit de l'historien, une certaine latitude, je dirai volontiers une latitude *indéfinie*, doit être laissée aux recherches et à la critique : ces immunités sont l'apanage nécessaire de la souveraineté électorale, et elles peuvent seules mettre l'élection à l'abri de déplorables surprises; mais, plus le droit d'investigation et d'attaque doit être étendu, plus le devoir de loyauté doit être étroit; et plus on use librement de l'un, plus rigoureusement on doit répondre de l'autre. Sans ce contre-poids nécessaire, les luttes d'élection seraient livrées aux pratiques les plus indignes, et l'honnête homme calomnié pour avoir voulu servir son pays, ne trouvant plus de protection dans la loi, en serait réduit à exercer de déplorables représailles et à se faire justice lui-même.

Tel est, à mes yeux, le dernier mot de la décision que M. Baze défère à la Cour, et qui ne saurait prévaloir ni dans l'ordre moral ni dans l'ordre juridique.

Encore une fois, en concluant ainsi, je ne me préoccupe ni de ses opinions politiques, qui ne sont pas miennes, ni même de l'universelle estime dont l'entourent la dignité de sa vie et l'élévation de son caractère ; lorsqu'il fait à la loi un appel aussi légitime, et à la lumière un appel si loyal, la justice ne saurait repousser ni l'un ni l'autre.

Paris, le 12 juillet 1870.

Jules NICOLET,

Avocat à la Cour impériale de Paris,
Membre du Conseil de l'Ordre.

Il ne s'agit pas de mettre en cause, encore moins de contester, le droit d'appréciation et de critique de l'histoire. Le passage du livre de M. Granier de Cassagnac reproduit par le numéro du *Journal de Lot-et-Garonne* du 9 mai 1869 ne se borne pas à une appréciation qu'un historien formulerait sous sa responsabilité morale, et qui n'aurait d'autre valeur que celle qui peut s'attacher à son autorité personnelle. Dans ce passage, l'auteur affirme un fait positif, précis, attesté par des documents qui existeraient encore et doivent se retrouver :

« La conspiration des anciens partis était même si avancée dans son
« œuvre, qu'on a trouvé, dans les papiers d'un questeur, les décrets
« organiques d'un gouvernement nouveau, la distribution des princi-
« paux emplois, et la préparation d'une prise d'armes, fondée sur le
« concours présumé de la 10ᵉ légion de la garde nationale de
« Paris. »

Celui contre lequel est dirigée une incrimination semblable est fondé à en demander compte à son auteur qui a dû comprendre toute la gravité de ses affirmations. Imputer à un homme politique d'avoir conspiré contre la Constitution de son pays, et cela, non par des appréciations déduites de la position respective des partis, de leur attitude, de leurs luttes passées et des conjectures plus ou moins fondées, plus ou moins téméraires, qu'on peut en tirer, mais en attestant l'existence de documents certains, irrécusables, c'est faire, au premier chef, de la diffamation si ces documents n'existent pas ; ou bien, il faudrait dire que, sous prétexte d'écrire l'histoire, il est permis de violer audacieusement la vérité.

Les défendeurs se retranchent derrière le refus de M. le Préfet de police de communiquer « certains documents » qui auraient été demandés par l'un d'eux. Mais on ne saurait admettre ce moyen de se tirer d'embarras. L'écrivain qui, faisant de l'histoire contemporaine, déclare n'avoir écrit que sur le vu de copies conformes préparées pour lui, et remises dans ses mains, se devait à lui-même, et devait à ceux dont il prétendait retracer les actes, de ne pas se dessaisir de ces copies, pour être en mesure de dégager sa parole s'il était sommé de le faire.

8

— 58 —

D'ailleurs, ce premier grief du consultant n'est pas le seul. La lettre de
M. Granier de Cassagnac, insérée dans le numéro du 17 mai 1869 du
Journal de Lot-et-Garonne, affirme que M. Baze n'a conspiré contre le
Président de la République qu'à la suite du refus essuyé par lui, au mois
de mars 1850, malgré ses sollicitations, de le nommer au poste de Pro-
cureur général près la Cour d'appel de Paris.

Le Tribunal a qualifié lui-même la nature de l'imputation : « une
« brutale contestation de la sincérité et du désintéressement politique
« de ce dernier. »

Cette « brutale contestation » repose sur un fait démontré inexact.
Sous ce rapport, la preuve est absolument faite par les documents relevés
dans le mémoire à consulter.

C'est donc en partant d'une assertion contraire à la vérité que l'auteur
de la lettre a pu dire :

« C'est pour n'avoir pas pu *servir* le Président de la République que
« M. Baze a essayé de le *renverser*. »

Il a ajouté plus loin, pour mieux accentuer sa pensée :

« J'en connais encore *plusieurs autres* qui sont devenus *ennemis* pour
« n'avoir pu être *courtisans*. »

Poussée à ce point, l'imputation malveillante et outrageante, prenant
pour point de départ un fait inexact, dépasse évidemment le droit de celui
qui prétend revendiquer le titre d'historien. Elle engage, dans les termes
de l'article 1382 du Code Napoléon, la responsabilité légale de son
auteur.

Le Conseil soussigné estime en conséquence que le jugement du Tribunal d'Agen doit être réformé.

Paris, 18 juillet 1870.

A. BÉTOLAUD,
Docteur en droit, — Avocat à la Cour impériale de Paris,
— Membre du Conseil de l'Ordre.

J'adhère complétement à l'excellente consultation de mon éminent confrère M° Dufaure, et j'estime comme lui que le jugement du Tribunal d'Agen doit être infirmé par la Cour.

Ce qui me frappe le plus dans cette décision, c'est qu'allant plus loin que les adversaires de M. Baze, et pour retirer à leurs attaques le caractère diffamatoire qu'elles avaient incontestablement, elle excuse, et légitime presque, les actes reprochés à celui-ci. Ainsi l'honorable M. Baze aurait pu, sous l'empire d'un ressentiment détestable, conspirer contre les lois de son pays; il l'aurait pu, parce qu'en agissant ainsi il serait resté dans le domaine des choses politiques, et parce que la politique est régie par des lois morales différentes de celles qui gouvernent la vie privée. M. Baze ne saurait donc se plaindre d'attaques diffamatoires qui n'atteignent pas son honorabilité.

Cette théorie des deux morales, très-nettement accusée par le jugement frappé d'appel, est si énergiquement repoussée par la conscience, qu'elle ne saurait trouver grâce, je l'espère du moins, devant la Cour d'Agen.

Quant à moi, elle me blesse profondément. Elle serait la justification des plus grands crimes, et c'est assez de les subir; il ne faut pas essayer de les glorifier.

Paris, 28 juillet 1870.

LE BLOND,

Avocat à la Cour impériale de Paris,
membre du Conseil de l'Ordre.

Le soussigné donne la plus complète adhésion aux consultations de ses honorables confrères et aux motifs sur lesquels elles reposent.

Il n'y a pas seulement, dans les faits attribués à **M. Baze**, l'imputation d'une conspiration organisée pour renverser un gouvernement à l'action duquel il était appelé à concourir comme représentant du pays : il y a, en même temps, l'allégation que M. Baze aurait été conduit à cette pensée par un misérable calcul d'ambition déçue qu'on a résumé dans ces mots significatifs : « C'est pour n'*avoir pas pu servir* le Président de « la République que M. Baze a essayé *de le renverser*. »

Certes, pour tout homme de cœur et pour tout jurisconsulte, c'est là *de la diffamation* au premier chef; car c'est l'imputation d'un fait odieux et d'un motif infâme, et ce n'est qu'en scindant et en modifiant bien étrangement cette imputation, qu'on est arrivé à n'y voir qu'un moyen d'*aliéner* à M. Baze *les sympathies politiques d'un certain nombre de citoyens*.

Nous aurions compris que le Tribunal, qui a repoussé la plainte par des considérations bien inattendues et bien peu juridiques, eût cherché un motif de rejet ou d'atténuation dans la notoriété qui entoure, en France, la conduite si digne et si honorable de M. Baze au milieu des événements vers lesquels on reportait l'attention, et dans l'impossibilité que sa considération reçût une atteinte sérieuse du rappel de calomnies dès longtemps démenties et d'ailleurs mises au néant par la conscience publique.

Mais, dans les termes où le jugement est rédigé, il ne peut pas être accepté par M. Baze, et nous avons la plus ferme espérance que la Cour d'Agen n'hésitera pas à l'infirmer.

Paris, 22 juillet 1870.

SÉNARD,

avocat à la Cour impériale de Paris,
membre du Conseil de l'Ordre.

Il me paraît impossible que le jugement du Tribunal d'Agen obtienne l'approbation de la Cour à laquelle il est déféré.

Je ne porte mon attention que sur un des chefs de la plainte de M. Baze.

M. Baze a-t-il conspiré en 1851 ? Je n'en crois absolument rien. Mais ce n'est pas de cette accusation particulière que je m'occupe.

Voici ce que je considère :

M. Granier de Cassagnac, père, avait affirmé, dans une lettre signée de lui et publiée dans le *Journal de Lot-et-Garonne*, que *M. Baze n'aurait conspiré contre le Président de la République que parce que ce dernier aurait refusé, au mois de mars 1850, malgré les sollicitations de M. Baze et celles de ses amis, de le nommer procureur général près la Cour de Paris.*

Et M. Granier de Cassagnac a ajouté dans cette même lettre :

C'est pour n'avoir pas pu servir le Président de la République que M. Baze a essayé de le renverser.

Cette imputation constitue-t-elle une diffamation ?

Qui peut en douter ?

Dire d'un citoyen qui était considéré de tous, qui avait une situation politique élevée, et qui avait dans ses mains une portion de la puissance publique, *qu'il a conspiré*, et donner pour cause à ses manœuvres son intérêt personnel blessé, son ambition déçue, une fonction sollicitée non obtenue, c'est lui imputer un acte honteux et qui doit le livrer au mépris de ses concitoyens.

Le jugement répond : *Il est manifeste qu'on ne peut considérer l'imputation d'avoir sollicité la fonction de Procureur général comme diffamatoire.*

Comment le jugement arrive-t-il à cette solution ?

En découpant la plainte; en la défigurant.

Le jugement porte en effet : *Le demandeur s'est efforcé de trouver un fondement à son action dans le caractère calomnieux et diffamatoire par lui attribué aux imputations d'avoir conspiré, en 1851, au sein de l'Assemblée nationale, et d'avoir sollicité les fonctions de Procureur général.*

Sur quoi le jugement donne immédiatement le motif ci-dessus rappelé : *il est manifeste qu'on ne peut considérer cette dernière imputation comme diffamatoire..*

Sans doute, il n'y aurait pas diffamation si l'auteur de la lettre, même contre toute vérité, avait affirmé que M. Baze avait sollicité la fonction de Procureur général. Le jugement s'est préparé une solution facile, en limitant ainsi la plainte et en la dénaturant :

Ce qui est outrageant et diffamatoire, c'est le mobile attribué à la prétendue conspiration, et qui se résume, dans la lettre incriminée, par cette phrase : *c'est pour n'avoir pas pu servir le président de la République que M. Baze a essayé de le renverser.*

Le jugement sépare les deux faits : les sollicitations échouées et la conspiration prétendue; tandis que, dans l'imputation, les deux faits se lient, le second étant la conséquence du premier, et un acte de criminelle vengeance.

Il a ainsi supprimé du fait dénoncé à la justice ce qui caractérisait le délit de diffamation.

L'intention de blesser M. Baze dans son honneur est évidente. Les circonstances dans lesquelles la lettre a été écrite et publiée ne peuvent laisser aucun doute dans des esprits non prévenus. Ne voulait-on pas déconsidérer M. Baze aux yeux des électeurs en l'accusant d'une véritable indignité ? Cette intention était d'autant plus coupable que, d'après le mémoire à consulter, l'auteur de la lettre incriminée ne pouvait ignorer la fausseté des sollicitations qu'il affirme.

J'estime, avec conviction, que le jugement doit être infirmé.

Paris, 18 juillet 1870.

DUPUICH, père,

Avocat à la Cour impériale de Paris,
Membre du Conseil de l'Ordre.

J'adhère sans hésitation et sans réserve à la consultation de mon honorable confrère Me Dufaure.

L'intention de produire un résultat politique n'est pas exclusive de l'intention de diffamer.

Il faut que la justice poursuive et punisse la diffamation partout où elle se met au service d'une passion ou d'un intérêt, quelque légitimes qu'ils puissent être.

Penser et juger autrement, ce serait consacrer la détestable théorie de la souveraineté du but qui est si communément invoquée, tantôt dans l'intérêt des Gouvernements, tantôt dans l'intérêt des Révolutions.

L'allégation de pièces qu'on ne produit pas accuse plus nettement encore le fait et l'intention de la diffamation. Le débat permis consisterait à publier purement et simplement les pièces établissant le fait ; là serait l'histoire, là la lutte électorale. Mais affirmer le fait, mentionner les preuves ne pas les produire : c'est la marche propre de la diffamation.

Paris, 23 juillet 1870.

VICTOR LEFRANC,
Avocat à la Cour impériale de Paris, membre du Conseil de l'Ordre.

Le soussigné,

Lecture prise des pièces et documents contenus dans le mémoire à consulter de M. Baze, ainsi que des consultations et adhésions qui le suivent,

Estime que la demande de M. Baze devant le tribunal d'Agen était bien fondée, et que la décision qui l'a repoussée ne peut se soutenir ni par les motifs qu'elle invoque, ni par aucune autre raison plausible et juridique.

Quelque latitude qui doive être laissée à la polémique, en matière électorale, il est une limite qu'elle ne saurait franchir. Cette limite est marquée par le droit pour chacun de défendre son honneur et sa considération atteints par des assertions fausses, ou, ce qui revient au même, par des allégations dont les auteurs volontaires ne produisent, quoique mis au défi, aucune justification sérieuse.

Telle est, à notre avis, la situation de M. Baze et de ses adversaires devant la justice.

Que M. Baze ait été diffamé, suivant toutes les acceptions de ce mot, par des assertions qu'il déclare, que les témoignages les plus honorables avec lui déclarent calomnieuses, et dont il a réclamé vainement devant le premier juge le désaveu ou la condamnation, c'est ce qu'on ne peut assez s'étonner d'avoir vu mettre en doute. Devrait-on oublier que c'est à l'aide de pareilles imputations qu'en d'autres temps on appelait la proscription sur la tête de ses adversaires politiques? Si, de nos jours, de telles extrémités ne sont ni dans les intentions ni dans les résultats possibles, est-ce que l'honneur et la considération des citoyens ne sont pas autant que leur vie sous la sauvegarde des lois? Et leur refuser la protection de la justice, quand elle est à bon droit réclamée, n'est-ce pas entrer dans une voie bien dangereuse pour la paix publique : celle qui laisserait à chacun le soin et le droit de venger personnellement ses injures ?

M. Baze a été accusé de deux actes qui seraient également condamnables s'ils étaient vrais : 1° d'avoir employé ou tenté d'employer contre la Constitution et les lois les pouvoirs qui lui étaient confiés pour la défense de la Constitution et des lois; 2° de s'être porté à cet abus de ses fonctions et à cet oubli de ses devoirs par le ressentiment d'une ambition déçue.

L'imputation de tels actes ne peut avoir qu'un même caractère et qu'un même but, aux yeux de M. Baze aussi bien qu'aux yeux de ses adversaires : appeler sur sa personne la réprobation et le mépris de ses concitoyens. Comment en serait-il autrement aux yeux du public et de la justice ?

Les auteurs de l'imputation, sommés de la prouver, apportent-ils quelque indice qui puisse seulement la rendre vraisemblable? Tout au contraire : c'est M. Baze qui la repousse pleinement en faisant appel aux pièces officielles qui doivent en constater la fausseté.

La diffamation pourrait-elle trouver un refuge dans le refus soi-disant opposé par l'autorité publique de laisser produire ces pièces? Mais ne serait-il pas bien étonnant, et pourrait-on concevoir, que de telles pièces pussent être, *par ordre supérieur*, ou produites et communiquées quand il s'agirait d'incriminer, ou rentrées dans un secret absolu quand il s'agirait de disculper? Il n'est pas possible de mettre ainsi le bien le plus précieux des hommes à la discrétion d'une autorité inférieure ou supérieure.

La diffamation PAR ORDRE SUPÉRIEUR n'est pas plus licite que la diffamation spontanée; et celui qui se la permet le fait à ses risques et périls, et doit en supporter les conséquences.

Paris, 21 juillet 1870.

HÉBERT,

Avocat à la Cour impériale de Paris, membre du conseil de l'ordre.

ANNEXE

RELATIVE AUX PIÈCES DONT L'EXISTENCE EST AFFIRMÉE PAR M. GRANIER DE CASSAGNAC, ET QU'IL SOUTIENT ÊTRE DÉPOSÉES AUX ARCHIVES DE LA PRÉFECTURE DE POLICE.

————

Copie d'une requête adressée par M. Baze à M. le Garde des sceaux Ministre de la justice, le 7 juillet 1870, et à M. le Ministre de l'intérieur, le 11 du même mois.

Monsieur le Ministre,

J'ai été arrêté, dans la nuit du 2 décembre 1851, dans le palais de l'Assemblée nationale législative, où je résidais en ma qualité de Questeur de cette Assemblée, conduit à Mazas, de là au fort de Ham, et transporté ensuite à l'étranger, où j'ai été retenu plusieurs années en vertu d'un décret d'exil temporaire.

Pendant que ces événements s'accomplissaient, M. Granier de Cassagnac, père, publiait, à Paris, un prétendu *Récit authentique* du coup d'État du 2 décembre, dans lequel on lit le passage suivant :

« La conspiration des anciens partis était même si avancée dans son œuvre, *qu'on a*
« *trouvé, dans les papiers de M. Baze, les décrets organiques du gouvernement nouveau, la*
« *distribution des principaux emplois, et la préparation d'une prise d'armes, fondée sur le con-*
« *cours présumé de la 10ᵉ Légion de la garde nationale de Paris.* »

Je n'eus pas connaissance alors de cette publication.

Au mois de mai 1869, lors des élections générales, où je m'étais porté candidat dans la première circonscription de Lot-et-Garonne, MM. Granier de Cassagnac, père, et Prosper Noubel rééditèrent contre moi, en la précisant et la confirmant, cette odieuse allégation, qui n'était qu'une infâme calomnie, et je les assignai, pour ce fait, devant le tribunal civil d'Agen. Je les sommai en même temps d'avoir à produire les preuves de leurs assertions,

"

dont M. Granier de Cassagnac affirmait que « *les pièces justificatives avaient été saisies chez* « *moi, et se trouvaient déposées aux archives de la préfecture de police, et desquelles*, ajoutait- « il, *il lui avait été délivré des copies par M. de Maupas, et par ordre supérieur.* »

Devant le tribunal, MM. Granier de Cassagnac et Noubel répondirent que M. le préfet de police refusait toute communication, et ils produisirent, à l'appui de leur dire, une lettre officielle de ce fonctionnaire.

Sur le recours que je formai moi-même devant M. le ministre de l'intérieur, je n'obtins d'autre réponse qu'un refus identique, et le refus aussi de s'expliquer sur le fait de savoir : si, OUI ou NON, les pièces indiquées par M. Granier de Cassagnac, et qu'il disait être dé- posées aux archives de la préfecture de police, existaient réellement, tandis que j'en con- testais formellement l'existence.

Dans cet état de choses, le tribunal civil d'Agen a rendu, le 7 août 1869, un jugement par lequel il m'a débouté de mes conclusions et condamné aux dépens. Parmi les motifs de ce jugement on trouve le suivant :

« Attendu que, dès l'instant que l'action serait fondée... sur une inexactitude historique, « qui est un fait à démontrer, *il faudrait* qu'avant d'examiner s'il y a préjudice, à ce nou- « veau point de vue, *Baze commençât par établir ce quasi-délit d'inexactitude, en vertu de la* « *règle qui veut que tout demandeur prouve le fait qui sert de fondement à sa demande.* »

J'ai relevé appel de ce jugement à la Cour impériale d'Agen, où la cause se présente dans les mêmes conditions que devant les premiers juges.

Mais si, au point de vue judiciaire, les éléments qui constituent le procès n'ont pas changé devant la juridiction supérieure, il est évident qu'il n'en est pas de même en ce qui concerne ma demande en communication de pièces portée devant l'autorité adminis- trative, et à laquelle M. le ministre a répondu par sa lettre du 1er août 1869. Depuis cette lettre, en effet, est intervenue la décision rendue par le tribunal d'Agen, et qui fait l'objet de mon appel : décision par laquelle *ma demande est déclarée non recevable*, PARCE QUE, dit le tribunal, *je ne rapporte pas la preuve de l'inexactitude des allégations de M. Granier de Cas- sagnac.* Or, les allégations de M. Granier de Cassagnac consistant en ceci : *qu'il aurait été saisi chez moi, dans la nuit du 2 décembre 1851, des pièces qu'il signale, et que cette saisie se- rait constatée par des procès-verbaux qui sont*, dit-il, *déposés aux archives de la préfecture de police*, la preuve *littérale* de la *fausseté*, ou pour parler le langage du jugement, de l'*inexac- titude* de ces allégations, en ce qui touche la saisie de ces pièces et la teneur de ces procès- verbaux , ne pourrait être faite que *par la représentation de ces procès-verbaux eux-mêmes, que l'administration détient, et qu'elle refuse de me communiquer.*

Au nom de la morale, et de l'équité la plus vulgaire, cette communication m'est due.

Mais elle m'est encore due à un autre titre dont l'appréciation est plus particulièrement commise à la compétence de Monsieur le Ministre de la justice, et qui ne souffre pas d'ob- jection :

Mon arrestation, dans la nuit du 2 décembre, a été opérée *en exécution d'un mandat délivré par M. le préfet de police, en sa qualité d'officier de police judiciaire.* Elle a été accompagnée, en apparence au moins, de toutes les formes prescrites par le Code d'instruction criminelle. Les articles 35, 37 et 39 de ce Code me délivrer dès lors des droits dont il est impossible de me dépouiller. C'est en vertu de ces droits que je vous demande formellement, Monsieur le Ministre, de me faire délivrer une copie officielle *des procès-verbaux d'arrestation et de perquisition qui ont été dressés dans mon domicile, au palais de l'Assemblée nationale, le 2 décembre 1851, et dont il ne m'a jamais été donné connaissance.*

Aucune confusion n'est possible ici. Il ne s'agit pas, pour le ministre, de s'immiscer dans l'œuvre de la justice, d'intervenir dans un procès qui se débat entre parties privées. Il s'agit uniquement de savoir si, sous un gouvernement libéral et qui a quelque souci de la loi, un citoyen pourra être condamné devant les tribunaux *par le motif qu'il ne rapporterait pas une preuve qui se trouverait,* suivant ce qu'on allègue, *dans des procès-verbaux dressés contre lui, où il est par conséquent partie principale, et dont, cependant, le gouvernement lui refuse obstinément la communication.*

Dans le but d'éviter un conflit d'autorité ou d'attributions, et une perte de temps qui pourrait retarder le cours de la justice, j'adresse cette requête tout à la fois à Monsieur le garde des sceaux, Ministre de la justice, qui a la charge de veiller à l'exécution des lois, et au respect des droits qu'elles garantissent, et à Monsieur le Ministre de l'intérieur, sous l'autorité duquel se trouvent placés M. le préfet de police et les archives de la préfecture. Je joins à ma requête une copie authentique du jugement du tribunal d'Agen.

Je suis avec respect,

Monsieur le Ministre,

Votre très-humble et obéissant serviteur,

BAZE.

Paris, le 7 juillet 1870.

Au moment où se fait le tirage de ce mémoire, — 5 août 1870, — et malgré une lettre très-pressante que j'ai eu l'honneur d'écrire à M. le Ministre de la justice, le 27 juillet 1870, pour lui représenter l'urgence, ma cause devant se plaider devant la Cour d'Agen le 17 août, je n'ai reçu de lui aucune réponse. Je n'en ai reçu non plus aucune de M. le Ministre de l'intérieur. — BAZE.

5828   Paris. — Imprimerie Renou et Maulde, rue de Rivoli, 144.

9 782014 098273